/

100년 만의
세계경제 붕괴 위기와
리플혁명

/

100년만의

세계 경제 붕괴

위기와
리플혁명

White Dog 지음

4차 산업혁명 시대
암호화폐 진화와 화폐 전쟁

흔들의자

서문

금융자본의 진화와 새로운 약탈 방법의 기술적 가능성을 분석하다.

이 책은 한 예술 작가의 경제 약탈에 대한 연구에서 시작되었다. 약탈의 두 가지 현상으로 첫째, 한 국가나 지역에 전승되는 고유한 문화나 정신적 가치들이 다른 국가나 민족의 약탈에 의해 말살되거나 약화될 수 있다는 현상과 둘째, 동일한 지역의 지배 계층이나 권력 계층의 대중에 대한 약탈이다.

타 지역이나 국가의 약탈로는 유럽의 식민지 건설이나 제국주의 등이 대표적이고 동일 지역이나 국가 내에서의 약탈은 중세시대 귀족이나 정부가 종교를 배경으로 대중을 약탈하는 것이 대표적이다. 근대 이후로는 자본의 시스템 발달로 인해 경제 약탈이 심화되고 있고 약탈의 두 가지 현상이 복합적으로 통합되고 있다.

현재 전 세계적인 약탈을 자행하고 있는 금융자본은 신용이라는 무기로 여러 국가의 기업이나 대중을 약탈하고 있고 해당 국가(피약탈 국가)의 정부 또한 약탈의 방조자 내지는 협력자의 역할을 함으로써 기업과 대중은 강력한 약탈자들에게 노출된 무법 세상에 놓여 있다.

시대적 배경으로는 현재 4차 산업혁명이라는 새로운 기술 시대에 진입하는 단계로 경제 환경의 대전환기에 접어든 변혁기를 앞두고 있는 시점에서 금융자본의 진화와 새로운 약탈 방법의 기술적 가능성을 분석하기 위함이다. 본격적인 약탈은 경제위기를 동반하는데 현 시점이 이제껏 볼 수 없었던 대규모 경제 위기가 다가올 수 있는 점이 약탈의 가능성을 높이고 있으므로 이 책은 위험의 가능성에 대한 방어적 전략도 담고 있다.

다가올 미래에 겪을 수 있는 경제위기와 약탈은 이전의 방법이나 패턴과는 큰 차이가 날 수 있다. 국가나 기업의 경우 외에도 대중에게 닥쳐올 수 있는 가능성을 최대한 여러 관점으로 분석하여 피해를 최소화하려는 것이 이 책의 의도이다.

덧붙여 본문의 예측 분석은 가능성에 기반을 둔 것이므로 모든 분석이 예측대로 일어날 수는 없으며 이 책이 독자들에게 '유비무환'의 관점에서 습득되기를 바라는 마음이다.

White Dog

Contents

References 213

리플은 무엇인가?

리플의 정의

리플은 전 세계 은행과 개인의 자금을 전송하기 위해 만들어진 리플사의 암호화폐이다. 2004년 시작되었으나 실제 역사는 EDonkey 네트워크의 제작자인 제드 맥 칼렙Jed McCaleb이 'Ripple Labs'에 투자하기 위해 글로벌 투자자들을 초대했을 때 시작된다. 2012년 크리스 라슨Chris Larsen과 제드 맥케일럽Jed McCaleb이 C++ 언어로 공동 개발했다.[1] 2020년 1월 현재 국가 간 송금 시스템은 매우 복잡한 신뢰관계로 이루어지고 수수료도 비싸다는 단점과 송금 시간이 많이 걸린다는 것이 현대 금융 거래에 매우

---

[1] Piotr Piasecki. [A Counterargument to the Value Proposition of Ripple's XRP Token]. cointelegraph.com. Jun 5, 2017 at 13:32 UTC.

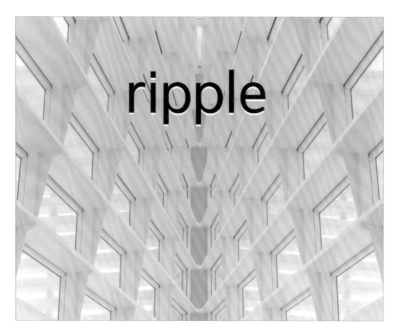

그림 1. XRP Design by Gong Goo

뒤떨어진다는 평가를 받고 있는데 이 단점들을 모두 개혁할 수 있는 새로운 '실시간' 전송 시스템이 **'리플'** 또는 '리플 코인'이다. '1페니'까지 지원하는 리플의 화폐 단위는 'XRP'로 쓰고 있다.

> 쉽게 요약하자면[2] 리플은 암호화폐 중 하나인데
> 송금이 쉽고 빠르고 수수료가 저렴하다.
> 국가나 개인의 송금 또는 결제를 위해 탄생했다.

---

[2] 1장, 2장은 리플과 암호화폐에 대한 내용으로 익숙하지 못한 독자를 위해 단락마다 요약을 간단하게 하고자 한다.

리플의 목표

차세대 금융상품으로 출시된 '**리플**'의 주된 목표는 은행, 결제 사업자, 개인, 디지털 자산 거래소 간을 연결하고, 효율적인 글로벌 전송과 지불 시스템을 만들고 속도를 높이는 것이다. 아울러 리플넷(리플사의 글로벌 결제 네트워크)을 통해 글로벌 결제 활성화를 가속화시키는 것이다.

그림 2. 네트워크 Photo by Gong Goo

리플사가 기업회원 가입을 위해 내세우는 가치[3]

어디서나_ 자금을 옮길 수 있는 더 많은 장소와 방법을

제공하여 범위를 확장

신뢰성_ 가시성을 높이고 결제 실패를 제거하여 신뢰 구축

시간의 단축_ 원하는 시점에 자금이 도착할 수 있게 즉시 결제

저렴한 비용_ 비즈니스를 더욱 성장시키기 위해 운영 및

비용 효율성을 활용(적은 운영 비용과 관리 비용)

> 요약하자면 '기업도 마찬가지로 언제 어디서나 비즈니스
> 하기 쉽고 관리 비용이 저렴하고 빠르니 가입하라'는 것이다.

리플의 운영 방식

반면 '리플'은 다른 암호화폐와 마찬가지로 블록체인[4] 기반이
지만 채굴[5]을 하지 않고 기존 화폐처럼 발행한다는 것이 특이점
이다. 프로젝트 초기에 1천억 개의 XRP 토큰을 만들었으며 리플
사는 2018년 기준으로 이 토큰의 약 60%를 보유했다.[6] 리플의

---

[3] ripple.com/
[4] 블록체인을 쉽게 비유하자면, 한 마을에서 은행이나 국가가 인증하지 않아도 그 마을
사람 모두 똑같은 장부를 한 부씩 공유하여 외부 기관의 인증이 없어도 조작을 방지하
거나 인증할 수 있는 장치. 이것을 조작하려면 마을에 있는 모든 집의 장부를 동시에
전부 훔쳐야만 가능하다. 실질적으로 블록체인 상에서의 위·변조, 절도 등은 불가능하
다. 뉴스에서 접하는 해킹이라는 도둑질은 개인의 지갑이나 거래소 지갑을 훔치는 것
이지 블록체인 상에서는 훔칠 수 없다.
[5] 암호화폐는 어떤 기관이 화폐를 발행하지 않고 대부분 금처럼 한도를 두고 캐낸다는
뜻으로 '채굴(mining)' 이라는 표현을 쓴다.

전송 시 발생하는 수수료는 리플로 지불되고 이 수수료는 소멸된다는 특징이 있다. 시간이 지나면서 XRP의 희소성이 증가하여 가격이 상승될 것으로 예상하고 있으나 그 반대의 견해도 있다.

> 참고로 '블록체인'은 주석을 달았지만 그리 어려운 용어는 아니다. 10분에 하나씩 온라인 상에 상자가 생성되는데 그 '상자(블록)'에 계약이나 중요한 내용을 담아둔다. 그 박스를 서로 줄줄이 '연결(체인)' 하기 때문에 블록체인(상자연결)이라 하고 그 상자 안의 내용은 모든 사람이 공유하여 영원히 파괴나 해킹이 불가능하다. 상자 안의 내용을 모든 사람이 공유하기 때문이다. 마치 살인자가 목격자를 또 살인하려고 하는데 모든 사람이 목격자가 되어 있는 상황 정도로 이해하면 되겠다.

그림 3. 블록체인은 공유 정보망 Photo by Gong Goo

---

[6] Piotr Piasecki. [A Counterargument to the Value Proposition of Ripple's XRP Token]. coindesk.com. Jun 5, 2017 at 13:32 UTC.

또한 리플은 '**프라이빗 블록체인**'으로 암호화폐를 발행한 사례에 해당한다. 프라이빗 블록체인private blockchain이란 미리 정해진 조직이나 개인들만 참여할 수 있는 '폐쇄형 블록체인' 네트워크를 말한다. 비트코인은 대표적인 '퍼블릭 블록체인'으로 사고 발생 시 책임 소재가 어렵고 법적 통제 등이 어렵다는 이유가 있으며 일일이 거래내역을 다수가 확인하는 절차상의 특징으로 인해

그림 4. 프라이빗 블록체인

'속도'가 느리다는 단점이 있다. 리플은 프라이빗 블록체인이라는 특징 때문에 운영주체가 존재하고 거래 내역의 익명성이 보장되지 않기에 탈중앙화 되었다고 보기 어렵다. 또한 거래 내역의 확인 주체가 소수이므로 '속도'가 빨라 실시간 결제시스템에 적합하다. 암호화폐는 중앙정부나 은행 등의 기존 체계에 거부감을 가지고 기존의 시스템에서 벗어난 '탈중앙화'를 위해 만들어졌으나 리플은 앞서 설명했듯이 암호화폐지만 탈중앙화와는 거리가 있다.

부연하자면 XRP(리플)는 프로토콜 합의 알고리즘$_{RPCA}$이라는 독특한 방식을 쓰고 있다. 쉽게 말해 소수의 결정권자가 합의에 의해 결정하는 방식이다. 리플은 다른 여타 암호화폐와 다르게 '블록체인'이 없다. 그렇다면 어떻게 거래를 확인하고 모든 것이 정상인지 확인할까? 그것은 노드[7] 간의 합의로 인해 이루어진다. 그러나 전체 합의라기보다는 원칙에 입각한 **'최소의 노드'**로 알고리즘에 참여하여 전체 네트워크를 관리하는 방식이다.

> 요약하자면 '리플사가 어떤 독단적인 힘을 쓰거나 컨트롤하지 않을 테니 걱정 마라! 합의 결정은 외부에 맡긴다. 리플사는 개입하지 않는다.' 그리고 운영(결정권) 주체가 소수라서 속도는 매우 빠르다.

---

[7] 노드: 많은 노드 형태가 있으나 이 책의 특성상 쉬운 용어로 작업이나 증명, 시스템에 관여된 연결된 '결정권'을 가진 조직원 정도로 보면 무방: Binance —Academy. [What Are Nodes?]. binance.vision. 2019

리플의 중앙화

암호화폐의 첫 번째 코인인 '비트코인'[8]은 '탈중앙화'[9]를 목표로 만들어졌다. 기존의 화폐가 '중앙집권적'인 화폐로 국가나 은행 또는 어떤 권력 기관에 의해 통제되어 왔지만 이에 반대하여 개인 사용자끼리의 신뢰와 검증을 통해 제3의 신뢰 기관 없이도 지불과 송금의 기능을 갖게 할 수 있도록 하는 것이 탈중앙화의 취지였다. 이는 정부의 과도한 개입이나 그 개입으로 인한 부작용(국가부도나 과도한 화폐 가치 하락 등)을 없앨 수 있다.

이것을 '학교'에 비유하자면 학교 행정부와 교육부의 통제를 받는 교육 시스템이 '중앙화'이다. 그러나 학교의 공교육이 자율적이지 못하고 획일적이기 때문에 학생들끼리 학교를 벗어나 자유롭게 공부하고자 하는 것이 '탈중앙화'이고 바로 이 점이 암호화폐의 목적이다.

그런 배경에도 불구하고, 이것은 오히려 더 강력한 중앙화가 될 소지가 있어 보인다는 것이 저자의 반전된 예측이다.

---

[8] 비트코인은 너무나 자료가 많고 알기 쉬운 정보가 많아 따로 인용하지 않는다.
[9] Avishay Yanay. [Bitcoin – Money Decentralization]. vpnMentor.

그림 5. 비트코인 Photo by Gong Goo

이런 논쟁 우려의 제거를 위해 리플사는 '탈중앙화'를 위한 다양한 장치를 만들며 노력해왔다. 이 장치에 대한 것들은 'XRP 레저LEDGER' 페이지의 '기술Technical FAQ'[10]나 몇몇 사이트[11]의 자료를 참고하기 바란다. 탈중앙화를 위해 그림 6처럼 리플사는 외부에

[10] XRP LEDGER. [Technical FAQ]. https://xrpl.org/technical-faq.html

[11] 탈중앙화 노력의 일환으로 리플사는 외부에 더 많은 노드 수를 두고 있다. 링크 참조.
https://minivalist.cinn.app
https://www.xrpchat.com/topic/25543-where-to-find-ripples-unl-list
https://www.xrpchat.com/topic/1256-a-security-blanket-for-our-unl/?tab=comments#comment-11348
https://xrpcharts.ripple.com/#/validators

더 많은 노드(결정권자)의 비율을 늘렸다. 이것은 리플사가 독단적인 처리나 문제성 있는 행위를 방지하기 위한 당연한 조치이며 UNL_{Unique Node Lists}이라고 부르는 소수의 외부 노드가 2019년 11월 현재 79%나 차지하고 있다.

> 그럼에도 불구하고 리플이 중앙화될 소지가 매우 높다고 판단하는 것은 리플이 '기획'된 화폐일 수 있다는 이유 때문이다.

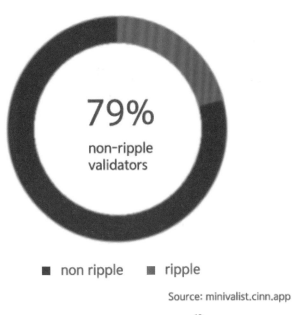

그림 6. 리플사 외부의 노드 비율[12]

---

[12] Mini Validator List. [Default UNL Dominance]. minivalist.cinn. 2019

리플사의 리플넷, 리플코인의 차이점과 사용

리플사는 리플넷과 리플코인을 운영 관리하는 회사이고 '리플 넷$_{RippleNet}$'은 Ripple이 개발한 솔루션을 사용하여 전 세계 은행과 기관으로 전송하는 자금과 금융 비즈니스 거래와 같은 지불 제 공 '네트워크'다. 리플은 3가지 솔루션을 제공하고 있는데 그것은 xCurrent, xRapid, xVia이다.

　xCurrent는 은행과 결제 제공업체를 위해 개발되었고 xRapid 는 유동성을 원하는 은행들과 중개 은행을 대상으로 개발되었다. xVia는 기업들이나 개인 사업자 혹은 사용자를 대상으로 개발되 었는데 쉽게 말해 리플넷은 3가지 전송 제공방식으로 거래 대상 에 따라 분류하게 된다.

　시간이 지나면서 2019년 11월 현재 이 전송 시스템은 하나로 합쳐지고 'ODL$_{On Demand Liquidity}$'[13]로 명칭이 바뀌게 된다.[14](명칭이 무엇이든 복잡하다고 생각되면 그냥 리플사의 전송 시스템이 있 다 정도로만 이해하면 되겠다.) 추후 명칭이 바뀌거나 종류가 늘어난다고 해도 그다지 이것에 신경 쓸 필요는 없어 보인다.

---

[13] [How On-Demand Liquidity Works]. ripple.com.
[14] P. Nelson. [Why XRP & ODL Will Transform Our World & Why it's About to Explode]. xrripplenews.com. Oct 20, 2019.

2020년 1월 현재 시행되고 있는 국제 송금 방식의 비효율적인 점은 복잡함, 비싼 수수료 그리고 긴 소요 시간이다.

해외 송금의 대표적 방법인 스위프트망 SWIFT(국제은행 간 통신협정)을 통해 송금할 때 발생하는 수수료는 크게 4가지로 분류되는데

첫째로 송금수수료

둘째는 외국으로 전문을 보내는 전신료

셋째는 송금은행과 수취은행 간에 발생하는 중계수수료

마지막으로 수취은행에서 발생하는 수취수수료가 있다.

높은 송금수수료가 발생하는 만큼이나 절차도 매우 복잡하고 비효율적이다.

이 과정에서 리플의 수수료는 위에서 언급한 것처럼 기존 화폐보다 훨씬 적은 비용이 든다. 전송 시간은 비트코인보다 빠르고 평균 거래 속도는 3초이다. 전송 시간 지연의 문제는 또 한 가지의 문제를 안고 있는데 스위프트를 통해 국제 송금을 할 경우 시간이 많이 소요되는 문제도 있지만 송금하는 동안 환율이 변동되고 있다는 것이다. 미국에서 한국으로 100만원을 보낼 경우 처음 보낼 때의 달러 가치와 도착했을 때의 달러 가치가 달라진다. 이것은 신용이 낮은 국가로 보낼 경우 시간이 더 소요되며 금액이 클수록

이 문제는 더 심각해지는데 이에 반해 리플은 3초 만에 송금이 완료되어 환율의 등락에 따른 문제를 제거할 수 있다.

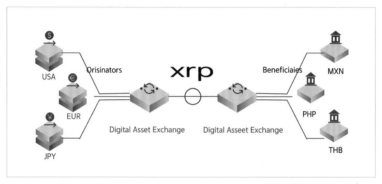

그림 7. 기축통화와 신흥국가 은행 간의 XRP ODL 송금 예시

또한 사용자는 기본적으로 빠르고 수수료가 저렴한 거래를 위해 자신의 통화를 발행할 수 있다. 이를테면, 취미용품 수집가들 사이에서 빈티지 물품이나 액션 피규어를 사고 팔 수 있는 통화를 직접 만들 수 있다.[15] 코인텔레그램cointelegraph.com 사이트의 예[16]를 들어보면

첫째, 존스씨는 뉴욕에 살며 필요 없는 초콜릿 상자를 가지고 야구 경기 티켓이 필요하다.

---

[15] cointelegraph.com의 저널 내용의 인용이나 아직 이 단계는 상용화되지 않았다.
[16] Cointelegraph. [What Is Ripple. Everything You Need To Know]. cointelegraph.com

둘째로, 스미스씨는 로스앤젤레스에 살고 있으며 초콜릿 상자를 갖고 싶고 희귀한 우표를 가지고 있다.

마지막으로, 알래스카에 살고 있으며 매우 드문 우표를 찾고 있는 브라운 씨는 야구 경기 티켓을 가지고 있다.

2020년 1월 현재의 시스템에서는 이 사람들이 결코 서로를 찾지 못하고 각자 소유하고 있는 물품들이 '가치 없는' 귀중품으로 남을 것이다.

그림 8. 모든 것이 화폐화 될 수 있다

그러나 리플 세계에서 그들은 "이봐, 나는 초콜릿이 있어, 나는 야구를 원해" 라고 할 수 있고, 시스템은 그것을 실현하기 위해 가장 짧고 효율적인 조합을 찾는 것이다.

또한 이 플랫폼은 비트코인을 포함한 모든 통화로 결제할 수 있으며 최소 0.00001[17]의 내부 거래 수수료가 든다. 수수료가 무료가 아닌 유일한 이유는 DDos 공격을 막기 위한 것이다.[18] 이것이 리플넷이다.

> 요약하자면 리플의 전송망 안에서 사용자는 쉽고 간단하게 결제하고 서로의 물건을 매매할 수 있으며 이 물건들을 '화폐화' 시킬 수도 있다.

---

[17] 2019년 12월 13일 현재 리플 0.00001의 가격은 한화로 0.01원이다. 있으나마나한 형식적 수수료이다.
[18] Cointelegraph. [What Is Ripple. Everything You Need To Know]. cointelegraph.com.

리플의 탄생과 유대인의 힘

1988년 이코노미스트지의 표지

영국의 1988년 1월 이코노미스트지의 한 표지에서 금융계를 뜨겁게 달구던 이슈가 있었다. 이미 많은 사람들이 이 표지를 보았고 이것에 대해 여러 미스터리 한 추측이 난무했다.

먼저 이 표지에 실린 한 마리의 '불사조 독수리'를 조명해 보기로 한다. 이 표지를 조명하는 이유는 여기에 새롭고 혁신적인 '세계 단일 통화'에 대한 암시가 담겨있기 때문이다. 이 매거진은 경제 분야의 많은 암시와 예측을 적중시켜 여러 차례 주목을 받은 바 있다. 이코노미스트지의 대주주들이 '유대인'인 사실로도 유명한데 표지의 독수리를 본 많은 사람들은 이 그림으로 암호화폐를 연상시키기에 충분했다. 물론 우연의 일치일 수도 있으나

그림 9에서 볼 수 있는 몇 가지의 상징과 2018년 시점에서 일치하는 점들이 있어 리플의 의미를 이해해가는 관련 자료로 쓰고자 한다.

아래 그림 9의 표지를 한번쯤 찾아보기를 추천한다.

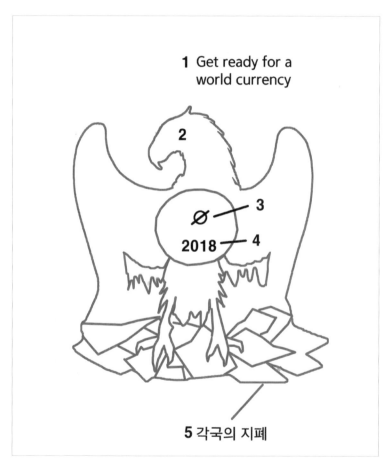

그림 9. 1988년 1월 이코노미스트지

그림 9의 불사조 그림에서 1번 텍스트를 보면 '새로운 국제 통화'를 준비하라는 내용이 있다. 그리고 독수리가 달고 있는 금빛 '코인'에 'Ten Phoenix 2018'이라는 단어들이 있다. 여기에 '2018'이라는 숫자가 눈에 띈다. 결론을 먼저 말하자면 2018년에 인류 화폐 역사에 큰 획을 그을 만한 사건이 실제로 발생했다. 2018년 4월 15일 마침내 스페인 산탄데르Santander가 암호화폐 리플의 블록체인 기술에 기반을 둔 **'외환 거래'**를 개시했다는 기사가 실렸던 것이다. 기사에 따르면 "산탄데르는 리플 XRP와 파트너 관계를 맺고 있는 스페인 은행 그룹이며 산탄데르는 '산탄데르 원페이 FX Santander One Pay FX'라는 새로운 서비스를 시작하였다. 이것은 리플의 기술을 기반으로 개발되었다. 이는 리플의 블록체인을 사용해 은행에서 개발한 최초의 국경간 결제 서비스다."라고 밝혔다. 이후 2018년 9월 27일 FX CHOICE라는 국제 통화 거래소에 다시 한 번 상장이 되는데 이 외환 거래소의 규모는 자그마치 하루에 5.1조 달러의 거래가 이뤄지는 대형 거래소라는 점이 매우 상징적인 사례라고 볼 수 있다.

1988년 이코노미스트지에 실린 표지의 "새로운 국제 화폐를 준비하라"는 문구에 해당하는 통화가 실제로 등장했고 1988년에 암시된 새로운 국제 통화의 존재가 증명되었다. 단순히 끼워 맞췄다고 보기에 더 어려운 예측이다. 이 대목을 쉽게 생각할 수도 있겠지만 30년 이후에 일어날 일을 예견한 이 사건이 암시에 해당하는 2018년에 정확히 모습을 드러내는 것은 가히 놀랍지 않을 수 없다. 이것은 오랜 인류 화폐 역사의 흐름 속에서 큰 획을 긋는 시점이 될 수 있고 다음 세대의 인류를 위한 화폐를 마주보는 듯한 큰 변화를 느끼기에 충분했다.

그러나 새로운 기술의 장에서 태어난 이 낯선 화폐는 '블록체인 시스템' 안에서 태동하며 화폐가 되기까지의 많은 시행착오가 있었고 지금도 진행중이다. 화폐로서의 여러 기능과 조건들을 갖춰야 했고, 전 세계 인류가 한꺼번에 접속할 수 있는 성능도 탑재해야 하는 등 예측할 수 없는 갖가지 문제점과 우려를 불식시키고 가능성을 보여주었다. 지금도 그 도전은 계속 진행중이다. 이것은 금본위제 이후 가장 혁명적인 방식의 시작을 알리는 것이고 1970년부터 외환 거래에 주로 사용했던 낙후된 기능을 전면 대체할 가능성을 시사한다.

현재 리플사는 글로벌 금융회사들과 이미 협업 체계를 이루고 있다. 협업 체계에 있는 대표적인 글로벌 금융회사로는 6,000억 달러의 세계 이체 시장에서 200개가 넘는 국가 간 통화를 지원하고 있는 **머니그램**MoneyGram 전 세계 200여 국가에서의 송금과 기업 자금 및 무역 업무를 대행하고 있는 **웨스턴 유니온**Western Union미국의 대표적인 결제 서비스 회사인 **케임브리지 글로벌 페이**

먼츠_{Cambridge Global Payments} 개인 및 기업간 거래를 위한 신뢰할 수 있는 글로벌 통화 전문기관인 **머큐리에프엑스**_{Mercury FX} 멕시코, 미국, 홍콩에서 25년 이상 거래해 온 금융기관인 **쿠알릭스**_{Cuallix} 뉴욕에서 통신 및 지불 서버를 제공하는 글로벌 기업인 **IDT 코퍼레이션**_{IDT corporation} 남미 최대 은행인 **이타우 은행**_{Itau} 스페인 최대 은행인 **산탄데르**_{Santander}**은행** 그리고 중동 지역 최대 결제 서비스 제공업체 중 하나인 **UAE익스체인지** 등이 리플의 고객사들이다. 한국에서도 **우리은행**과 **신한은행**이 리플사의 고객사 대열에 합류했다.[19] 이 회사들은 각 국가를 대표하는 금융회사들로 리플과 결속되어 가고 있다.

리플의 협력 회원사들을 보면 앞으로 있을 리플의 방향과 규모를 짐작할 수 있다. 리플은 앞으로 모든 국가의 중앙은행을 비롯한 시중은행들의 국제 송금을 대체할 수밖에 없는 큰 토대를 닦았다.

> 요약하자면 1988년 이코노미스트지의 예측대로 2018년 국제 통화 시장에 신생 국제 송금 통화-리플이 등장하고 각국의 국제 금융업체와 이미 파트너십을 맺었다. 이 파트너들은 대륙의 가장 큰 대표 주자들이다. 이것은 예측인가? 예고인가?

---

[19] Naveed Iqbal. [Ripple Signs Up Second Most Significant Korean Bank Shinhan]. Tron Weekly Journal. Sep 26, 2019.

또한 그림 9의 충격적인 다음 내용은 주요 국가의 기축통화가 불타고 있는 것이다. 달러, 위안화, 엔화, 유로화 등이 불사조의 발 밑[20]에서 불타고 있다. 새로운 세계 통화를 준비하고 불사조의 발 밑에서 기축통화들이 타고 있는 것이다. 이것은 기존 화폐의 몰락을 암시하는 것으로 비춰질 수 있으며 그림의 내용대로라면 국제 송금 시스템이 변화를 넘어 국제 화폐 체계까지 변화할 수 있다는 암시가 될 수 있다. 지구상에서 가장 권위 있는 경제 전문지 중 하나인 이코노미스트지에서 이런 상징물을 올렸다는 것은 매우 흥미로운 사실이다.

마지막으로 불사조의 목걸이 원형의 상단에 3번의 **특수문자 Ø** 파이는 **스텔라루멘**[21]이라는 암호화폐라고 저자는 추정하고 있다. '스텔라루멘 코인'은 암호화폐의 일종으로 리플의 개발진에서 갈라져 나왔는데 리플에서 갈라져 나왔기에 리플과 비슷한 점이 많다.

여기서 스텔라를 언급하는 이유는 스텔라가 '음양' 관계로 리플과 병행한다는 것이다. 두 개의 코인은 나눠질 때 분열의 나름 이유가 존재했으니 결과적으로는 상호 보충 관계로 필연성을 지닌다고 보는 것이다. 리플은 영리 기업인 리플사에서 운영하고

---

[20] 그림 9의 5
[21] 2014년 7월 존 맥칼렙 (Jed Mccaleb)에 의해 설립된 암호화폐.

은행이나 **기업**과 같은 금융기관을 대상으로 하는 반면 스텔라는 비영리 단체인 스텔라개발재단에서 담당하고 **'개인'**과 '금융소외 계층'을 주요고객으로 하여 크게 보면 **'개인'** 대 **'기업, 국가' 라는 큰 틀로 나눌 수 있다.** 리플과 스텔라는 처음부터 고객의 대상이 다르다.

스텔라루멘을 지금까지 설명했던 이유로 다시 돌아가 보면, 그림 9의 3번 파이(ø) 문자가 스텔라루멘을 상징할 수도 있다는 것을 설명하기 위함이었다. 얼마 전 스텔라루멘의 로고가 바뀌었는데 저 특수 문자 파이(ø)와 매우 흡사하다.

그림 10. 스텔라 로고

개인 간 거래에는 리플보다 스텔라루멘이 앞으로 더 상용화될 가능성이 있어 실제 디지털 달러가 될 가능성이 높지 않을까 하는 예상을 해본다.

> 요약하자면 리플에서 스텔라루멘이 갈라져 나왔는데
> 리플은 국가와 기업을 담당하고 스텔라는 개인을 상대
> 한다. 이 두 종류는 발행의 기획 의도가 있어 보이며 실
> 제 디지털 달러가 될 수 있는 화폐는 '스텔라'가 더 유력
> 할 수도 있다. 이미 IBM이 스텔라의 블록체인을 사용하
> 여 '블록체인월드와이어(BWW)'[22]를 출시했다. 출시는
> 성공적이었고 BWW는 이미 72개국 내에서 사용이 가
> 능하다.

다음은 1988년 당시 이코노미스트지의 불사조 내용과 함께 어떤 기사가 있었는가를 보기로 한다. 그 내용은 다음과 같다.

"THIRTY years from now, Americans, Japanese, Europeans, and people in many other rich countries, and some relatively poor ones will probably be paying for their shopping with the same currency. Prices will be quoted not in dollars, yen or D—marks but in, let's say, the phoenix. The phoenix will be favored by companies and shoppers because it will be more

---

[22] PLeesa DAlto. [IBM Blockchain World Wire, a New Global Payment Network, to Support Payments and Foreign Exchange in More Than 50 Countries]. IBM News Room. March 18, 2019.

convenient than today's national currencies, which by then will seem a quaint cause of much disruption to economic life in the last twentieth century."

"지금으로부터 30년 후, 미국인, 일본인, 유럽인, 그리고 다른 많은 부유한 나라의 사람들, 그리고 상대적으로 가난한 사람들도 아마도 같은 통화로 쇼핑에 돈을 지불할 것이다. 가격은 달러, 엔, 디마르크가 아니라 피닉스로 활용될 것이다. 피닉스는 오늘날의 국가 통화보다 더 편리할 것이기 때문에 회사와 쇼핑객들이 선호할 것이다."

내용에서 30년 후 '세계 공용 통화'가 탄생할 것이란 예측을 하고 있다.

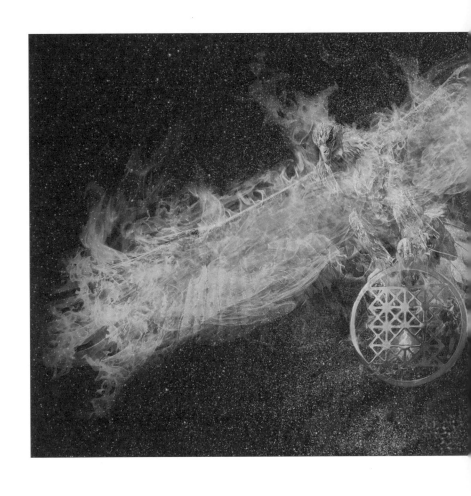

    또한 그림 9의 존재는 왜 불사조로 그려야만 했을까? 불사조 (不死鳥, 죽지 않는 새)는 아라비아 사막에 살며 500~600년마 다 **스스로의 몸을 불태워 죽고, 그 재 속에서 재생한다**는 전설상의 새다. 이 새의 특징으로 보아 기존에 존재하는 각 국의 법정 화폐 를 태우고 그 재 속에서 새로운 불사조 화폐가 탄생한다고 봐야

그림 11. 피닉스

무방한 해석이 될 수 있다고 저자는 생각한다. 그리고 독수리는 미국을 상징하는 동물로 '세계 단일 통화'가 나타난다면 금융의 기득권을 가지고 있는 미국의 주도로 일어날 가능성이 크다고 본다. 독수리에 대한 의미는 다음 글에서 더 들어가 보자.

'세계 단일 통화'의 가능성과 유대인 금융자본 배후 가능성

'이코노미스트' 잡지는 유명한 유대인 가문 '로스차일드'가 대주주로 있고 2015년 '피어슨' 그룹의 지분을 인수하여 이코노미스트지의 공동 대주주로 들어온 '아그넬리' 가문 또한 이탈리아 유대인 가문이다.[23] 유대인이 영국과 미국의 금융 산업을 장악하고 있다는 사실은 이미 널리 알려진 사실이고 불사조의 독수리는 미국을 상징한다고 보는데 이스라엘의 저널인 '이스라엘 타임즈'에 따르면 "미국 국장에 나타난 독수리는 미국의 상징이고 독수리와 함께 6각형의 전체 형태를 이루는 별의 큰 모양은 이스라엘

그림 12. 미국 국장

---

[23] Alex Spence. [Agnellis, Rothschilds close in on Economist]. politico.eu. Nov 8, 2015.

의 국기를 상징한다."[24]는 표현이 있다. 이 상징을 해석하는 그림의 내용은 이스라엘 타임즈가 주장하는 것이 아니라 이코노미스트지에 실려 있는 내용을 재인용한 것이다. 다시 말하자면 미국국장에서 독수리를 미국으로 보고 별 무리를 유대인으로 보는관점 또한 이코노미스트지에서 나온 기사였다.

이코노미스트지는 국장과 함께 나타난 그림에서 유대인이 오바마 대통령을 통제하는 표현이 그려져 있다. **"유대인이 의회를 통제하는 방법"**[25]이란 제목으로 2018년 1월 14일에 이코노미스트지에 올라와 있다는 이 그림은 매우 주목할 만한 기사이다. 이코노미스트지가 유대인이 서방국가들을 통제하고 있다는 내용을 올렸다는 것이 실로 놀랍다.

> 이제 이 사실들을 종합하여 판단해보면 30년 전에 유대인들은 암호화폐(리플)를 탄생시키기 위해 준비하고 있었을 확률이 매우 높고 그것을 '이코노미스트지'에 실었다. 이코노미스트지는 유대인의 소유이고 유대인은 글로벌 금융을 장악하고 있으니 이 새로운 통화에 대한 암시가 단순한 기사 수준을 넘어 상당히 영향력 있는 '예측'이 아닐 수 없다.

---

[24] Eylon A. Levy. [The Economist: How the Jews control Congress]. blogs.timesofisrael.com.
[25] ["Negotiating with Iran: a big gap to close": The Economist]. Jan 18, 2014. Cartoon: Peter Schrank.

"하나의 세계, 하나의 화폐"
One world, one money

　또한 불사조 표지가 나타난 10년 후, 이코노미스트지에 다시 한 번 '세계 단일 통화'에 대한 표현이 나타나는데 그것은 "하나의 세계, 하나의 화폐"[26]라는 기사이다. 한 번으로도 모자라 10년 후 다시 2차 기사를 올려 '세계 단일 통화'에 대한 환기를 시키는 이유는 무엇일까? 저자는 이런 움직임을 두고 '세계 단일 통화에 대한 유대인들의 포석' 이라고 생각한다.

　이미 투자의 귀재인 미국의 조지 소로스, 유대인 금융회사인 골드만삭스 등 많은 유대인들이 암호화폐에 투자 또는 직·간접적 관계되어 있고 로스차일드 그룹도 지난해 12월에 그레이스케일 비트코인 투자신탁GBTC을 통해 비트코인에 21만불을 간접 투자한 것이 미 증권거래위원회 보고서를 통해 확인되었다.

　유대인의 암호화폐 포석 그 이후에 그들의 어떤 '힘'이 진행될 수 있다는 시장에서의 걱정이 암호화폐계에서도 나오고 있다.

---

[26] [One world, one money]. The Economist. Sep 24, 1998.

비트코인과 함께 두 번째로 큰 암호화폐 '이더리움'의 창시자인 '비탈릭 부테린'이 이 문제를 불식시키려는 듯 거대 글로벌 커뮤니티 레딧reddit에서 "로스차일드가 암호화폐를 통제할 가능성이 낮다"[27]는 발언을 하기도 했다. '불사조' 표지와 '암호화폐'의 연결성이 큰 화제가 되자 구원투수로 등판한 느낌이 드는 대목인데 얼마나 따가운 눈총이 많았으면 이런 기사를 띄웠을까 반문해 볼 문제이다. 유대인들의 암호화폐에 대한 투자와 그 투자자들의 연결은 본문 전체에 걸쳐 광범위하고도 지속적으로 다루고자 한다.

> 요약하자면 새로운 세계 단일 통화는
> 유대인 금융자본 세력의 작품일 가능성이 크다.

---

[27] [Do Rothschilds control cryptocurrencies? - Etherium founder asks]. rt.com. May 29, 2018.

금본위제와 달러 가치 몰락의 서막

금을 가진 나라, 패권 국가가 되다

인류는 역사상 청동기시대보다 약 4,800년 전 BC 6,000년쯤에 메소포타미아에서 처음 화폐를 사용하였다. 그리스인들이 처음으로 금을 화폐로 사용했는데 로마인들도 이어서 화폐로 사용한다. 금의 여러 가지 가치로 인해 인류의 화폐로 등장하였고 금을 많이 가진 나라는 세계를 주름잡는 패권 국가가 되었다.

시간이 흘러 15세기에서 17세기 무렵까지 '대항해 시대'에 스페인은 금을 착취하기 위해 대륙을 이동했고 신대륙에서 대규모의 금을 얻게 되었다. '금'은 곧 최고의 화폐였음으로 금에 대한 약탈은 가속화되었고 정복 무대를 넓힌 스페인으로 막대한 금의 유입이 있었다.[28] 매년 수십만 톤의 금과 은이 들어왔고 엄청난 부와 함께 스페인은 황금기를 거치게 된다. 이 시기에 스페인이 주조한 은화 페소 데 오초Peso de ocho는 '국제 화폐(기축통화)'[29] 노릇을 했다. 경제학자 얼 헤밀튼Earl Hamilton은 이 시기 "스페인의 물가가 1500년대에서 1600년대 사이 300%가 올랐다"고 주장하는데 스페인의 갑작스러운 금의 유입은 '하이퍼 인플레이션'과 더불어 수출품들의 경쟁력 약화와 금에 의존하는 경제로 세계대전 후까지 유럽에 뒤쳐지는 처참한 결과를 낳았다.

이것은 '금'으로 인해 발생한 재앙이라고 볼 수 있다. 물론 계속된 전쟁과 종교적 문제 등 스페인 쇠락의 원인은 여러 가지가 있겠지만 본 저서에는 금과 관련된 다소 치우친 스페인의 구조만을 다룬다. 다른 유럽의 나라들도 당시 버금가는 전쟁들을 계속 치르며 지내왔지만 영국의 산업혁명과 같은 혁명적 모습이나 그 이후의 기술 발전이 주변 유럽 국가들보다 매우 뒤쳐져 있었다. 이러한 원인은 한두 마디로 해석될 성격의 것은 아니지만 금의 약탈로 인한 물질적 정신적 문제가 연관성이 없다고 보기 어렵다.

---

[28] Tejvan Pettinger. [What happened to the Spanish Gold from the Incas?]. Economicshelp.org. Sep 5, 2016.
[29] "국제 무역 및 상업에 사용되는 안정적이며 전 세계적으로 사용되는 통화이다." James Chen. [What Is a Key Currency?]. Investopedia.com. Aug 15, 2019. James Chen. [Reserve Currency]. investopedia.com. Feb 7, 2018

이어 17세기 초부터 네덜란드가 최초의 주식회사 구조인 '동인도 회사'를 만들고 식민지를 확장하며 '길드화'를 국제통화로 상용화 하였으나 오래가지 못했다.

그림 13. 골드바

금본위제(Gold Standard)의 시행과 폐지

1821년 영국이 최초로 금본위제 체제를 채택하면서 본격적으로 화폐로서의 '금'의 시대가 열리게 된다. '금본위제' 라는 것은 금과 화폐를 자유롭게 전환할 수 있는 제도로, 발행된 중앙은행의 화폐는 언제든지 그 가치만큼의 금과 교환될 수 있었다.

이것은 그 이전 시대의 금으로 이루어졌던 무역과 금에 대한 무한 신뢰가 결국 화폐 단위로 이동한 결과였다. 이후 독일이 1871년에 금본위제로 합류하고 1873년에는 네덜란드, 노르웨이, 스웨덴, 덴마크, 1876년에는 프랑스에 이어 1877년 일본이 금본위제를 채택했고 미국은 마지막으로 1879년에 이 흐름에 동참했다.

1914년까지 세계는 금본위제의 정점에 있었으나 '1차 세계대전'이 발생하여 전쟁 비용으로 막대한 화폐를 생산하게 되고 금 생산량이 화폐 발행량에 턱 없이 부족하게 되자 유럽의 국가들은 금본위제를 일시 중단하게 되고 화폐의 발행량은 계속 늘어만 갔다. 전후 대부분의 국가들은 늘어난 화폐로 인해 심각한 인플레이션 상황이 발생하였다. 인플레이션을 줄이기 위해 화폐를 거두어들이면서 극심한 디플레이션을 겪는 등 너무나도 극심한 부작용이 발생하고 대부분의 국가들은 금본위제를 포기하는 사태에 이르렀다. 영국이 1914년 금본위제의 포기를 선언하고 마침내 1931년에는 화폐와 교환할 수 있는 '금'을 지급하지 못하게 되었다.[30]

---

[30] Nick K. Lioudis. [What is the Gold Standard?]. Investopedia.com. Feb 3, 2019.

'브레튼우즈 체제'의 탄생과 유일한 금본위제, 달러

유럽 대부분의 국가들은 다시 금본위제로 회귀하고자 하는 열망이 있었지만 끝내 돌아오지 못하고 미국만 유일하게 금본위제를 이룬 국가가 되었다. 1931년부터 1945년까지 '제2차 세계대전'을 거치며 세계는 또 한 번의 충격을 받게 된다.

1944년 7월 종전 직전에 미국의 '브레튼 우즈'에서 열린 국제회의에서 44개국이 참가하여 연합국 금융회의를 열고 미국 달러를 '기축통화'로 결정하였다. 당시 금 1온스를 35달러로 고정시키고 그 외 다른 국가는 달러에 고정하는 정책을 만들었다.

이로써 달러는 국제적 지위와 역할을 담당하는 강력한 화폐가 되었다. 이것을 **'브레튼 우즈 시스템'**이라 부른다. 그리고 **IMF**International Monetary Fund와 **세계은행**World Bank이라는 두 가지 중요한 조직을 동시에 만들었는데 1970년대에 브레튼 우즈 시스템Bretton Woods System은 해체되었지만 IMF와 World Bank는 국제통화 교환을 위한 중요한 기둥으로 2020년 현재까지 남아있게 된다.[31]

---

[31] James Chen. [Bretton Woods Agreement and System]. investopedia.com. Sep 5, 2019.

그림 14.

'브레튼우즈 체제'의 붕괴와 달러 몰락의 서막

1944년에 시작된 미국의 금본위제는 오래가지 못하고 1971년 8월 15일 닉슨 대통령은 달러를 금으로 바꿔주지 않겠다는 선언을 하게 된다.[32] 저자는 이 사건을 **'달러 종말'의 서막**이라고 본다. 미국이 금본위제를 중단하게 된 배경은 1960년대 미국의 베트남 전쟁에 대한 과도한 지출이 결정적 원인이었다. 계속된 달러의 지출은 미국의 국제수지 적자로 이어졌고 전쟁비용이 지속적으로 늘어나자 미국의 달러 발행량은 천문학적으로 높아져만 갔다. 이로 인해 미국은 인플레이션이 급등하게 되고 달러의 가치 하락과 함께 부족한 금에 대한 우려가 높아져 프랑스 등의 국가들에게 금 교환 압박을 받게 되었다. 여러 국가들에게 금으로의 교환을

---

[32] 이것을 닉슨 쇼크 'Nixon Shock' 라고 한다.

요구 받게 되자 닉슨대통령은 결국 금과의 교환을 포기하는 선언을 하기에 이르렀던 것이다.[33]

> 이 인위적인 달러의 '과도한 증가'가 달러의 문제bubble를 발생시키는 시작점이 되었다고 본다. 당연히 미국은 다시 금본위제로 돌아가기를 희망했으나 늘어만 가는 달러 통화량은 희망에서 멀어져 갔다.

이후 미국은 경기침체와 1·2차 오일쇼크로 인해 경제위기가 도래되고 불황인데도 불구하고 물가가 상승하는 '스태그플레이션'[34] 상황에 이르게 되었다. 미국의 경제가 대공황[35] 이후 최악의 수준으로 곤두박질치게 된 것이다. 당시 연준 의장이었던 폴 볼커Paul Volcker[36]는 치솟는 금리를 잡는 매우 중요한 역할을 하게 되는데, 기준금리를 연 20%대까지 끌어올리는 강경책으로 유명했다. 1981년 당시 미국의 소비자물가 상승률은 13%까지 치솟았고 볼커는 1979년 취임 당시 11.2%였던 금리를 3개월 만에 연 14%대까지 올렸고 1981년까지 연 21%까지 금리를 끌어올려 물가를 안정시키는데 총력을 기울였다. 이것은 볼커의 불도저식 시도로 큰 모험이었지만 다행히 물가는 안정되었다. 시간이 흘러 1983년 미국의 물가는 3.2%까지 하락하게 된다.

---

[33] Kimberly Amadeo. [President Richard M. Nixon's Economic Policies]. thebalance.com. Oct 5, 2019.
[34] 경기 불황 상태에서도 물가가 계속 오르는 현상.
[35] 경제공황 –Great Depression: 1929~1233년.
[36] Kimberly Amadeo. [Paul Volcker]. thebalance.com. Sep 27, 2019.

오일로 묶은 세계 통화 달러, 무한 발행 시대 돌입

달러는 이미 '닉슨쇼크'로 기축통화의 지위를 잃고 존재의 위협을 받았으나 다시 달러 패권의 시대를 여는 계기를 마련하게 되었다. 제2차 세계대전은 석탄에서 원유로 연료를 교체하게 되어 군사전략 면에서도 많은 변화를 가져오는데 이로 인해 전후에도 원유의 확보는 국가의 최우선 과제가 되었다. 미국 물가상승의 원인이 되었던 '1차 오일쇼크'는 1973년 10월 시작된 중동전쟁이 원인이었다. 1948년 나라가 없었던 '이스라엘'이 중동에 나라를 건설하면서 발단이 되었다. 중동으로 들어간 이스라엘과 아랍국가들 간의 힘겨루기와 전쟁이 이어지면서 대부분 아랍 국가들로 구성된 석유수출국기구OPEC는 이스라엘에 빼앗긴 팔레스타인의 복구와 회복을 위해 석유를 무기화하고 원유 생산량을 줄이고 가격을 인상하였다. 이 전쟁에서 미국은 이스라엘을 지지하면서 중동의 원유 수입이 끊겨 석유 파동이 시작되었다. 이어서 벌어진 2차 오일 쇼크로 미국은 **스태그플레이션**을 체험했다. 이는 달러의 가치 하락이 더 가속화되는 심각한 문제를 가져와 미국은 새로운 돌파구를 모색해야만 했다.

이 무렵 미국의 새로운 작전이 전개된다. 시아파와 수니파의 싸움과 아랍 국가들의 무기 경쟁, 이스라엘과 팔레스타인의 끝없는 교전 그리고 이란의 급진화는 최대 산유국이었던 사우디 국가에게 불안을 가중시켰다. 이러한 국제정세를 파고들어 1975년 미국은 사우디에게 안보를 제공하는 대신 OPEC기구의 '석유 결제를 달러로 결제할 수 있는 협약'을 맺는 **'사우디-키신저 밀약'**을 성공시켰다. 사우디 왕가와 미국의 당시 국무장관의 기습 협정이었다. 이 협정으로 달러는 새로운 지위를 획득했고 미국은 다시 원하는 만큼 무한정 달러를 찍어낼 수 있는 화폐 절대 국가가 되었다. 세계 각국은 이로서 울며 겨자 먹기로 달러를 통해 원유를 구매할 수 밖에 없었다. 이 강제적인 시스템을 **'페트로달러 시스템'**[37] 이라 한다.

그림 15. 페트로 달러 시스템

---

[37] James Chen. [Petrodollars]. investopedia.com. Jun 4, 2019.

양적완화(Quantitative Easing)[38]의 심각성

달러의 강제 석유 결제 시스템으로 인해 미국은 달러를 무한적으로 발행할 수 있는 권력을 다시 가지게 되었다. 이러한 무한 발행의 달러 발행량 증가를 '양적완화' 라고 부른다.

미국이 달러를 '양적완화' 하는 방법으로는 연준(연방 준비제도)이 미국 연방정부에게 채권이나 유가 증권 등을 받고 달러와 교환해 주는 방식을 가지는데 연준은 이때 달러를 무제한적으로 발행할 수 있었다. 이런 비상식적 관행은 당장엔 자국에 큰 이익과 안정을 가져다 줄 수 있으나 이 같은 '도덕적 해이함'은 결국 달러 몰락의 지름길로 갈 것이라 확신한다.

미국의 본격적인 양적완화가 시작된 시점은 2008년에 있었던 금융위기 때문인데 이 사태를 간단히 정리해보자면 다음과 같다.

2000년 미국의 닷컴버블이 발생하여 IT기업들의 가치가 폭락하면서 엄청난 침체를 겪게 되는데 미국 연준은 이 무렵 경제를 살리기 위해 금리 인하를 단행하여 중산층들은 낮은 금리로 집을 사는 계기가 되었다. 이 때 대부분의 미국인들이 저금리에 취해 부동산 매수를 하게 되었고 금융기관들은 고객의 신용이

---

[38] Jim Chappelow. [Quantitative Easing]. investopedia.com. Sep 6, 2019.

낮아도 점차 대출을 단행하는 계기가 되었다. 부동산 상품을 취급하던 금융회사들도 덩달아 높은 수익을 거두게 되자, 대형 금융 투자 회사들은 투자의 위험도를 구분하여 상품을 다시 섞고 재창출하는 과정을 거쳐 무수히 많은 '복합 상품'을 창조하였다. 이 복합 창조된 상품을 CDO_{Collateralized Debt Obligation}[39]라고 하는데 2003년 300억 달러에서 2006년 2,250억 달러로 10배나 증가하였다. CDO버블은 2007년 정점에 도달하여 순간적 금리 상승의 압박을 견디지 못하고 주택 가격이 곤두박질하였다. 이 때 만들어진 부동산 관련 상품들이 모두 도미노 현상으로 붕괴되었다. 일부 대형 금융기관들은 수 천억 달러의 손실을 입었으며 이러한 손실은 정부가 개입하여 구제되거나 파산했다.

이 과정을 수습한 대책은 4차례에 걸친 양적완화[40]이다. 1차 양적완화는 2008년 발생하였고 2010년 2차, 2012년 9월 13일 3차 양적완화에 이어 2012년 12월 3차 양적완화의 시즌 2까지(종료: 2013년 5월) 총 4차례에 걸친 양적완화로 미국은 천문학적인 달러를 발행하였다.[41]

[39] Carla Tardi & James Chen. [Collateralized Debt Obligation (CDO)]. investopedia. com. Nov 13, 2019. 부채 담보부 증권이란 금융기관이 보유한 대출채권이나 회사채 등을 한데 묶어 유동화 시킨 신용파생상품을 말한다.
[40] Jim Chappelow. [What Is Quantitative Easing?]. investopedia.com. Sep 6, 2019.
[41] Kimberly Amadeo. [Explaining Quantitative Easing – QE]. thebalance.com. Sep 3, 2019.

이때 발행된 양적완화의 달러는 1차에 1조 7천억 달러 투입, 2차에 6,000억 달러, 3차 양적완화 종료 시점까지 **6년 간 약 4조 달러가 풀렸다.** 양적 완화로 늘어난 시중 유동성 중 많은 부분이 실물 경제로 풀리지 않고 초과 준비금 형태로 연준(미국 중앙은행)으로 다시 들어갔으나 이 중 상당 부분이 신흥국으로 유입되었다. 양적완화 종료 시까지 약 5천억 달러 상당의 투자 자금이 신흥국으로 흘러 들어간 셈이다.

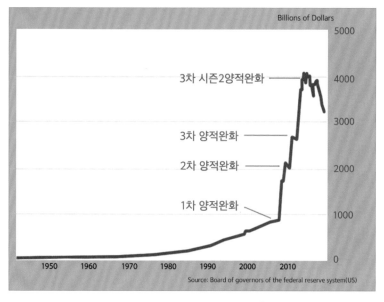

그림 16. 달러의 발행량 증가[42]

---

[42] FRED. [St. Louis Adjusted Monetary Base (AMBSL)]

왼쪽 페이지 그림 16에서 1970년대 베트남 전 이후 달러의 증가는 상상의 나래를 넘어서게 된다.

2020년 현재 미국은 4차 양적 완화를 발표할 가능성이 있다. 이미 '초단기 금리'가 10%까지 치솟자 미국 연방 준비제도(Fed·연준)는 2019년 10월 17일 530억 달러(약 63조 원)의 단기유동성을 공급한 상태이다.[43] 연준의 의장 파월 제롬은 이전의 '양적완화'와는 거리가 멀다고 선을 그었지만 이미 4차 양적완화의 달러 풀기는 시작된 것이다.

2019년 10월 19일 미국의 저널 WSWS에 따르면 '미국 중앙은행이 **'영원한 양적완화'를 시작했다**'고 전하고 있으며, '매달 600억 달러를 매입하기 위한 작업을 시작했다고 한다. 다음날 뉴욕 연방 준비제도 이사회는 유동성을 증대시키기 위해 1,045억 달러를 금융시장에 투입했다.[44]고 밝혔다. 이제 미국은 보이지 않는 어떤 강을 넘고 있다. 앞으로 세계는 미국의 무제한 달러 발행의 권력으로 인해 함께 고통받을 준비가 되어있어야 한다.

---

[43] Nick Timiraos. [Fed to Increase Supply of Bank Reserves]. The wall street journal. Oct 8, 2019, 6:01 pm ET
[44] Nick Beams. [US Federal Reserve starts "quantitative easing forever"]. wsws.org. Oct 19, 2019.

4장

달러 무한 발행의 경제 충격과 시한폭탄

미국 부채의 가파른 증가와 디폴트 위험

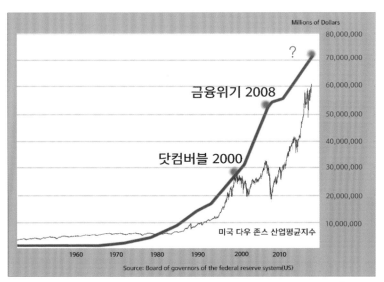

그림 17. 2019년 2분기 미국의 총 공공부문 및 민간부문 부채[45]

---

[45] Federal Reserve Economic Data. [All sectors; debt securities and loans; liability, Level (TCMDO)]. federalreserve.gov. Q2, 2019.

2019년 2분기 미국의 공공, 민간의 부채가 70조 달러를 넘겼다. 1970년 베트남전 이후 가파르게 오른 미국의 부채는 거대하게 쌓여갔다. 2020년 현재 많은 경제학자들이 이 부채에 대한 우려를 나타내고 있다. 다음은 미국의 GDP 대비 정부 부채 그래프를 살펴보기로 한다.

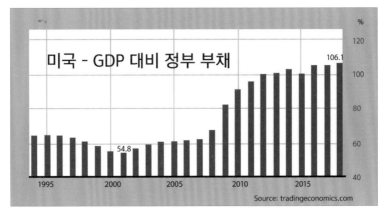

그림 18. United States Gross Federal Debt to GDP[46]

미국은 2018년 국내총생산GDP의 106.10%에 해당하는 정부 부채를 기록했다. 2019년 11월 ABC NEWS에 따르면 "2019년 상반기 전 세계 부채는 7.5조 달러 급증했으며, 연구원들은 올 해 말까지 글로벌 부채가 255조 달러를 넘어설 것이라고 예측했다.

---

[46] TRADING ECONOMICS.

전 세계 부채의 대부분(60%이상)은 미국과 중국에서 나왔다."[47]
고 밝혔는데 이것은 **전 세계 국내총생산**GDP**의 3배를 넘는 규모이다.**
부채가 사상 유래 없는 최고치를 기록하는 가운데 금리는 갈수
록 내려갈 가능성이 크다. IMF는 "전 세계적으로 70%의 지역에
서 통화 완화 정책으로 인해 마이너스 수익률 채권이 15조에 달
한다"고 추정했다.

CNN 비즈니스CNN Business 2019년 7월 기사[48]에서 재무부는 10
월에서 6월 사이 예산 적자가 23% 이상 급증하여 7,500억 달러
가 늘어났다고 보고했고 이는 도널드 트럼프 정부의 2017년 세금
감면 때문이라고 보도했다. 또한 작년 투자자들은 미국의 예산과
경상수지 적자 또는 세계 무역의 격차 등의 쌍둥이 적자에 대해
걱정했고 시장이 다른 문제로 넘어갔을지라도 쌍둥이 적자는 여
전히 살아있고 발길질하며 성장하고 있다고 경고했다.

이어서 국제금융협회IIFInstitute of International Finance에 따르면 미국
의 비금융 기업 부채가 74%에 이르는 새로운 최고 기록을 세웠
는데 이러한 현상은 연방 준비제도가 금리인하 준비를 하고 있어

---

[47] Catherine Thorbecke. [Record global debt of $250 trillion 'could curb efforts to tackle climate risk']. abc7chicago.com. Nov 16, 2019 11:54AM.
[48] Anneken Tappe. [3 reasons to fear America's massive $70 trillion debt pile]. CNN Business. Jul 17, 2019.

기업들의 숨통을 잠시 틔게 할 수 있는 것으로 보인다. 이것은 더 저렴한 이율로 재융자를 받을 수 있기 때문이라고 했지만 미국 기업의 이익이 2019년 2분기에 2분기 연속 감소하는 등 시장 악화와 더불어 앞으로 부채를 상환하지 못할 수도 있다고 지적했다.

CNN 비즈니스_{CNN Business}는 계속해서 애널리스트들은 "수익 전망에 대한 우려가 커짐에 따라 레버리지가 높은 기업들이 위험성에 노출된다고 경고했다. 또한 더 많은 부채 부담은 이미 무역 전쟁으로 타격을 입은 기업의 심리와 투자를 개선하는 데 그다지 도움이 되지 못할 것이다."라고 인용했다.

물론 몇몇 긍정론자들은 미국이 부채가 늘어나도 부채를 감당할 수 있으면 문제될 것이 없고 저금리로 돌아서면서 감당해야 할 이자도 과거에 비해 현저하게 줄어들었거나 미국의 최근 주식 가격의 급등과 최저의 실업률, 소비심리 상승 등이 긍정적인 흐름으로 나타나 미국의 부채를 크게 신경 쓰지 않아도 된다고 말한다. 그러나 더 많은 사례와 분석을 통해 이 문제들이 '경제상황의 착시현상'임을 알아보고자 한다.

미국 경제의 '착시 현상'

2020년 1월 현재 미국 경제의 높은 주식 지수의 수준이나 경제 성장 등 긍정적인 몇 가지 지표에도 불구하고 비관적인 전망은 늘어나고 있다. 다음 몇 가지의 보도를 통해 미국의 불투명한 경제 현실을 전달해 본다.

2019년 10월 미국 '컨퍼런스 보드'의 경제 지표 수석 린 프랑코 Lynn Franco는 "CEO신뢰도가 10년만에 최저 수준으로 떨어졌다."라고 전했다. 이 데이터[49]에서 관세와 무역 문제는 세계경제를 둔화시키는 동시에 불확실성을 높이고 있다고 했는데 그 결과 작년보다 많은 CEO가 투자를 줄였고, CEO와 CFO의 별도 여론조사에서 대다수가 최근의 무역분쟁이 그들의 비즈니스에 지속적인 영향을 미칠 것이라고 밝혔다.

CEO들은 앞으로 경제 전망이 더 악화될 것이라고 보는데 4%만 향후 6개월 동안 경제 상황이 개선될 것으로 보고 67%의 CEO가 경제 전망을 어둡게 내다보았다. 이는 지난 분기의 44%에서 늘어난 수치이다. 향후 6개월 동안 자체 산업의 단기 전망에 대한 CEO의 기대 또한 비관적이었다. 2019년 10월 13%만이 개선된 상황을

---

[49] [CEO Confidence Declined to Lowest Level in a Decade]. The Conference Board. Oct 2. 2019.

기대하는데 단기적으로도 조건이 악화될 것이라고 예상되는 사람들은 지난 분기 38%에서 3분기 56%로 상승했다고 되어 있으며 예상 판매량 감소는 자본 투자 계획 축소의 가장 일반적인 이유였다고 컨퍼런스 보드_{Conference Board}[50]는 명시했다.

2019년 9월 저널 가우디안 뉴스_{Guardian News}의 래리 엘리엇_{Larry Elliott}은 "2020년 세계적인 불황이 심각한 위험 요소라고 UN은 말한다." 라는 기사 제목으로 2020년의 어두운 경제 전망을 전했다.[51] 엘리엇에 따르면 유엔 무역 개발 기구_{UNCTad}의 대표적인 보고서를 통해 2019년은 10년 만에 가장 약한 성장을 견뎌야 하며 내년에는 경기 후퇴가 노골적인 수축으로 이어질 위험이 있다고 경고했다. 유엔은 '무역전쟁', '통화량 증가', '브렉시트', '금리의 움직임' 등에 대해 경고등이 깜박이고 있지만 정책 입안자들이 다가올 폭풍에 대비하는 징후는 거의 없다고 말했다.

연이어 이 기사는 '**IMF 보고서**'를 인용하여 10년 전 금융위기가 끝났음에도 불구하고 세계는 여전히 취약한 상태이며 개발도상국에 기록적인 부채를 안겨주었던 '평소와 같은 사업모델'

---

[50] 미국 경기선행지수 측정 기관.
James Chen. [The Conference Board (CB)]. investopedia.com. Jun 20, 2019.
[51] Larry Elliott. [Global recession a serious danger in 2020, says UN]. Guardian News. Sep 25, 2019 18.00 BST.

에 대한 재고를 요구하였다. 이 보고서에 따르면 전 세계 성장률은 2018년 3%에서 2019년 2.3% 떨어진 1.7%로 감소하여 금융 위기 이후 가장 나쁜 수치를 보일 것으로 보인다. 몇몇의 큰 신흥국들은 이미 경기 침체에 빠져있고 독일과 영국을 비롯한 몇몇 선진국들은 위험할 정도로 경기 침체에 근접해 있다고 했다. 미국 연방 준비제도 이사회와 유럽 은행을 포함한 중앙은행들은 최근 유동성을 늘리기 위해 금리 인하를 발표했지만 성공 가능성에 대해 매우 비관적이라고 인용했다.

또한 2018년 12월 저널 더 월드 파이낸셜 리뷰The World Financial Review의 그레이엄 반베르겐Graham Vanbergen의 논평은 "예상되는 2020년 글로벌 경기침체"에서 2020년을 바라보는 몇몇의 주요 인물들을 인용했다.[52] 그는 2020년에 버전 2의 금융위기가 올 수 있는 혼란의 해를 예측했다. **"다음 글로벌 금융 위기는 2020년에 발생**할 것이며 자동화 된 거래 시스템을 사용하는 투자 은행 JP Morgan에 경고한다." 덧붙여 포브스지는 "글로벌 신용 위기로 인한 2020년대 미국 역사상 최악의 10년이 될 수 있다."고 했으며 무디스 애널리틱스의 수석 이코노미스트 마크 잔디는 "2020년은 최대의 변곡점"이라 전망했다. 클린턴 행정부 시절 백악관에서

---

[52] Graham Vanbergen. [The Predicted 2020 Global Recession]. Dec 1, 2018.

국제문제 담당 수석 경제학자를 역임하고 IMF, 미국 연방준비제
도이사회$_{FRB}$, 세계은행에서도 재직했던 뉴욕대 스턴 경영대학원
교수인 누리엘 루비니$_{Nouriel\ Roubini}$는 "2019년 현재의 세계적 경제
성장이 작은 폭으로 내년까지 이어지겠지만, 2020년이 되면 세계
적 불황의 조건이 무르익을 것이다" 라고 경고했다.

결과적으로 2019년 말 미국 경제는 건강하지 않고 2020년에
대한 부정적 예견들이 많다. 지금 미국 증시는 하강 전의 '불꽃

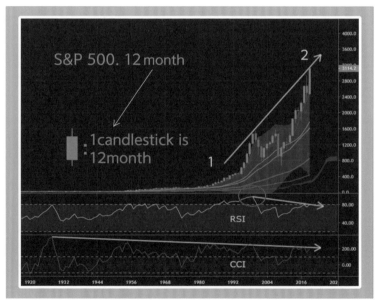

그림 19. S&P 500 Index[53] Source: tradingview.com

---

[53] Will Kenton. [S&P 500 Index – Standard & Poor's 500 Index]. investopedia.com.
May 18, 2019

잔치'일 확률이 크며 미국 정부와 기업의 부채 증가로 인한 문제와 달러의 무한 발행 시스템, 각종 언론과 경제 전문가들의 어두운 미래에 대한 분석 등이 미국의 불안한 현실을 시사한다. 미국의 경기 불황과 각종 지표의 하락 등이 이를 증명하고 있지만 뚜렷한 대안이 없다는 것이 현실이다.

그림 19의 차트는 미국의 대표적인 주식 지수 'S&P 500' 차트이다. S&P 500은 미국의 대표기업 500개를 분석하여 지수를 만든다. 그림 19에 보이는 차트의 봉 하나가 12개월, 즉 1년을 나타낸다. 2019년 11월 18일 현재 3,114를 기록하고 있고 마지막 파란색 봉이 2019년을 나타낸다. 미국의 증시는 크고 작은 상승과 하락을 겪었지만 크게 보면 90여 년을 지속적으로 상승 중이다.

지수는 보통 가격의 하락과 상승의 관계를 지수로 나타내므로 그림의 숫자 1에서 2까지 지속적으로 지수가 상승한 것을 볼 수 있다. 그러나 S&P 500의 지수(가격)는 상승 중이지만 'RSI와 CCI'[54] 보조 지표는 하락 중이다. 이 두 보조 지표를 쉽게 설명하자면 상승과 하락의 관계 속에서 일어나는 여러 가지 현상을

---

[54] RSI와 CCI의 설명 참조: Sean Ross. [What are the differences between Relative Strength Index (RSI) & Commodity Channel Index (CCI)?]. investopedia.com. Jan 20, 2015.

알기 쉽게 보여주는 지표이다. 두 지표 모두 위로 향하면 긍정적인 면을 보이고 아래로 향하면 부정적인 흐름이라고 보면 된다.

이 차트에서 '지수(가격)'의 고점들은 2의 천장을 향해 숏구치는데 두 지표(RSI, CCI)의 고점들은 아래를 향해 가고 있다. 물론 마지막 12개월 봉이 현재 진행형이라 단정 지을 수 없지만 지표가 지수를 따라서 함께 오르지 않아 매우 부정적으로 해석할 수 있다. 이것을 '하락 다이버전스[55]'라고 부른다.

'다이버전스'는 현재의 상태를 통해 다음 상황을 반전으로 예측

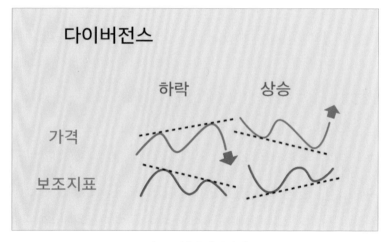

그림 20. 일반 다이버전스

---

[55] 다이버전스의 참고 자료: Cory Mitchell. [Divergence Definition and Uses]. investopedia.com. Jun 25, 2019.

하는데 다이버전스는 주가의 방향과 지표가 반대로 갈 때 **방향 전환**을 의미한다. 이것은 이미 마감한 더 작은 주봉 등의 차트로 보면 더 자세히 알 수 있다.

S&P 500을 보면 지수를 인위적으로 끌어올리고 있다는 것을 볼 수 있다. 보조 지표는 주식을 사고 팔며 그것을 과거와 비교해서 분석 후 지표의 수치를 만든다. 지표의 기술적 내용은 더 자세히 알 필요는 없다. 그림 20은 일반 다이버전스를 보여준다. 몇 가지의 다이버전스 유형이 더 있으나 일반적인 다이버전스 두 개만 실었다.

다음은 몇 가지 차트를 더 분석하여 미국 증시의 착시 현상에 대해 분석해 보기로 한다. 우선 2019년 10월 19일 현재 미국 기업 시가총액 빅3 기업 중 하나인 '애플'의 주가 차트를 대표로 참고하여 상황을 알아본다.

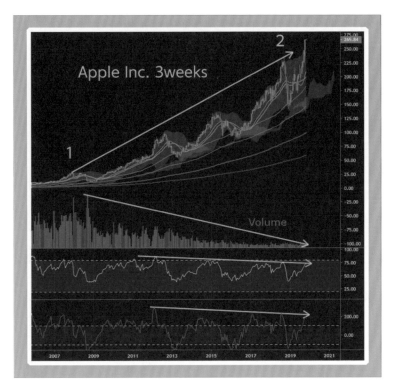

그림 21. Apple Inc. Source: tradingview.com

애플 역시 사상 최고의 주가를 경신하고 있다. 그러나 2008년
이후 볼륨(매매, 거래량)은 사상 최저치로 줄어들었다. 애플의 매
출 또한 사상 최고치를 넘어서 매우 좋은 흐름을 보여주고 있다.
그럼에도 불구하고 차트는 하락 다이버전스를 만들고 있고 거래
량은 2008년도에 비해 엄청나게 줄어들었다. 앞으로 더 큰 상승
을 한다고 예상을 한다면 거래량이 줄어들 이유는 없다.

거래량 급감과 더불어 RSI, CCI의 두 지표의 고점들이 주가와 함께 상승하지 못하고 아래로 내려가는 현상은 시한폭탄이 돌아가고 있다는 증거이다.

다음은 미국 기업 시가총액 빅3 기업 중 하나인 아마존 닷컴 Amazon.com Inc의 3주봉 차트이다.

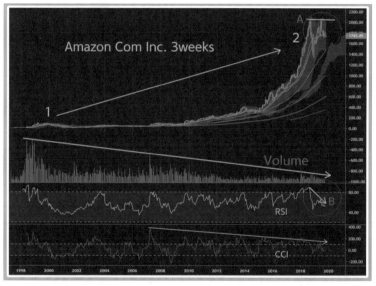

그림 22. Amazon Com Inc. Source: tradingview.com

아마존의 차트도 마찬가지로 볼륨(거래량)이 2000년 이후로 급감하고 있다. 차트 이론에서 거래량이 바닥으로 감소하며 수렴하고 있다는 것은 큰 전환점이 온다는 신호가 되기도 한다. 이 차트에서 'A 위치'를 보면 지수의 고점이 더블 탑(두 개의 쌍둥이

고점)을 만들며 수평선에 가까운데 RSI지표의 'B 위치'를 보면 과도하게 뚝 떨어지고 있다. 보조 지표가 가격 지수보다 과도하게 떨어지면 좀 더 심각하게 인식할 필요가 있다.

CCI지표의 고점 또한 2008년 이후로 계속 하락 중이다. 이처럼 '지수'의 고점은 오르고 '지표'의 고점은 하락하는 반전 현상을 앞서 언급한 것처럼 '하락 다이버전스'라고 하며 조만간 하락 반전 상황이 올 가능성이 높다는 뜻이다. 역사상 최고의 고점 앞에 개인 투자자들은 흥분하여 주식을 매수할 수 있으나 2019년 12월 현재 주식을 매수한다는 것은 매우 위험한 일이다.

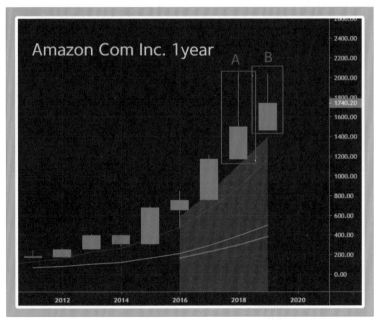

그림 23. Amazon Com Inc 1Y. Source: tradingview.com

아마존의 차트를 다시 크게 1년 봉(봉 하나가 1년)으로 보면 마지막 1년 두 개의 봉이 '역망치'[56]모양을 하고 있다. 주로 세력이 매도 이탈(저점에서 매수한 주식을 판매하며 수익 실현하고 빠져나간다)할 가능성이 크다. 봉의 윗꼬리 실선이 길게 보이는 것은 무리한 매수(세력은 매도 중)와 상승 실패의 흔적이다. 이 역망치 모양은 주가의 상승 실패로 이어질 가능성은 매우 크다. 역망치가 나타나면 추세 전환이 곧 다가올 신호이며 세력의 고점 매도 신호[57]로도 볼 수 있다.

> 물론 S&P 500이나 주요 종목들이 미치듯이 더 오를 수도 있다. 하지만 한 가지 경고를 하자면 차트(거래의 심리적 요소나 매매의 속성)라는 것은 기본적으로 '평균값'을 맞추려고 하는 성질이 있는데 지금보다 지수가 더욱 과도하게 상승하는 경우 고무줄을 잡고 더 당기는 것과 같다. 한쪽으로 당기면 당길수록 당겼던 고무줄을 놓으면 반대 방향으로 더 크게 움직일 뿐이다.

미국의 시총 상위 기업들은 지속된 세금감면과 금리 인하, 기업의 수익을 통해 불어난 자금을 기업의 재투자 보다는 **자사주 매입(기업이 자신의 주식을 사들임)**에 대부분의 자금을 사용했다. 2019년

---

[56] Bearish inverted hammer candlestick. 망치가 거꾸로 있는 모양.
[57] 쉽게 말해 상승을 이끌었던 대형 세력들이 매도 후 빠져나갈 확률이 크다는 신호. 그러나 이것은 확률적 접근이므로 결과는 다르게 이어질 수도 있음.

5월 포춘_{Fortune}지의 매튜 하이머_{Matthew Heimer}의 기사[58] 에서 미국의 기업들이 지갑이 닳도록 자사 주식을 사들이고 있다고 전하며 S&P 500기업들은 2018년까지 5년 간 탄탄한 수익과 세제 혜택에 힘입어 약 2조 9천억 달러의 주식을 환매했다고 밝혔다.

지난해 미국 전체의 주식 환매액은 사상 처음으로 연간 1조 달러를 돌파했다고 한다. 그러나 기자는 주식의 가치가 역사상 최고점에 도달한 2019년 12월 현재, 기업들이 자사주 매입에 과도한 비용을 지불한다고 비판했다.

재무전략 컨설팅기업 포르투나 어드바이저스_{Fortuna Advisors}는 지난 5년 간, S&P 500 기업 64%가 '부정적 효과'를 낳은 대규모 주식 환매(자사주 매입) 계획을 실시했다고 추산한다. 기업들이 상대적으로 높은 가격에 자사 주식을 환매했는데 포르투나의 CEO 그레그 밀라노_{Greg Milano}는 "경기 순환과 주가가 최고점일 때, 기업들은 주식 환매에 더 아낌없이 돈을 쓰는 경향이 있다. 하지만 기업에 재투자할 수 있는 돈을 낭비하여 남아 있는 충성 주주들에겐 오히려 손해가 될 수도 있다"고 지적했다.

---

[58] Matthew Heimer. [The Winners and Losers in a $1 Trillion Buyback Year]. Fortune. May 18, 2019.

워렌 버핏이 이끄는 버크셔 해서웨이의 '찰리 멍거' 부회장은 "자사주 매입은 부도덕한 행위" 라고 밝힌 바 있다. 미국 증시의 자사주 매입은 1970년대까지만 해도 **'주가 조작'이라고 판단해서 불법으로 간주하였다.** 그러나 이 법은 1982년 레이건 대통령 시절 부활했다.

> 결론적으로 미국의 기업들이 연구 개발이나 유지 보수 등 재투자에 쓸 돈을 불필요한 자사주 매입에 쏟아 부었다는 뜻이다. 자사주 매입은 어떤 측면으로 보든 주가조작이며 불법 행위이다. 이렇게 인위적인 조작이 성행하여도 우리는 평범하고도 무감각한 태도로 바라보고 있다.

미국의 경제가 진정 호황을 누린다면 굳이 자사주 매입까지 하지 않아도 주가는 상승한다. 2019년 12월 현재 멋진 상승 흐름을 타고 있는 미국의 증시 지수는 위에서 언급한 여러 가지 사유들로 인해 사기에 가까운 버블이 팽창되고 있음을 알 수 있다. 인위적인 미국의 경제 착시현상에 대해 두 가지의 더 신뢰 있는 지표를 참고하고자 한다.

'미국의 기업 신뢰지수'와 'BBB등급 채권'에 관한 추이를 살펴본다.

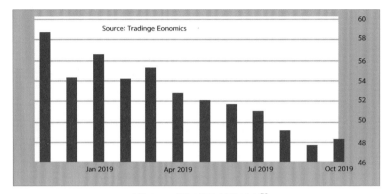

그림 24. 미국 기업 신뢰지수[59]

2019년 말 현재 미국의 기업 신뢰지수 또한 매우 좋지 않다. 미국의 기업 신뢰지수는 주가가 연일 최고치를 갱신하는 중에도 계속 하락 중이다.

다음은 BBB 등급의 채권 시장에 대한 리스크이다.

2019년 10월 7일 미국 자산운용사 블랙록 블로그BlackRock Blog의 기고자 캐런 셰논Karen Schenone의 기고문[60]에서 경제의 불확실성으로 인해 많은 BBB채권[61]이 정크 등급으로 강등할 가능성을 경고했다. BBB등급 채권은 2001년 17%에 불과했으나 채권 투자

---

[59] United States ISM Purchasing Managers Index (PMI). Source: Trading Economics
[60] Karen Schenone. [Making the grade: How risky are BBB bonds?]. BlackRock Blog. Oct 7, 2019.
[61] 투자 등급으로 간주되는 가장 낮은 신용 등급의 채권. 아래 BBB 등급 채권에 관한 정보 참조. [Bond ratings]. fidelity.com.

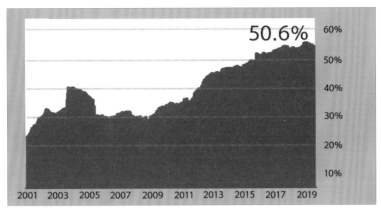

그림 25. BBB등급 채권 시장의 증가 추이

시장의 50% 이상을 차지하고 있다. 지난 10년 동안 미국 관련 BBB 기업 부채는 2.2배 증가한 2.5조 달러로 높아졌으며 미국의 고수익 채권 시장은 1.2조 달러가 생성되었다.

　미국에서 수년간 제로에 가까운 금리를 기록하자 투자자들은 수익률을 높이기 위해 BBB채권과 같은 낮은 품질의 투자 등급 채권을 검토하고 있다. 이와 동시에 선진국 시장에서는 마이너스 채권의 수익률을 보임에 따라 투자자들은 수익률이 좋은 미국의 회사채에 점점 눈을 돌리고 있다고 전했다.

　2019년 10월 3일 나스닥 뉴스의 기고자 알렉산드라 스캐그스 Alexandra Scaggs는 "BBB등급 채권에 대해 걱정해야 할 때이다"라는 제목의 기사[62]를 실었다.

 기업들은 9월에 1,670억 달러의 채권을 팔아 사상 세 번째로 많은 월간 채권을 판매했다고 걱정했으며 경기 침체로 인해 BBB 등급의 채권이 정크 등급으로 하향될 것이라고 경고했다. 이런 회사의 채권들은 고수익 시장에 넘쳐날 것이고 시장 전반에 걸쳐 가격을 낮출 것이며 더욱 심각한 것은 부채 상환의 압박으로 위험한 기업들의 대출 비용을 증가시켜 채무 불이행 가능성이 높아질 것이라고 전했다.

 이 기사에서 JP모건과 골드만삭스의 BBB채권 심각성도 전달했으며 모두 BBB등급 채권의 미래를 매우 비관적으로 예측하고 있다.

 결론적으로 4장을 통해 미국의 여러 경제 상황을 살펴보면서 현 시점의 몇 가지 미국의 호황은 '경제 착시 현상'이라고 느끼기에 충분하다. 근래 미국은 걱정스러운 문제가 더 많은 편이며 2008년 구멍 난 경제는 아무리 메워도 해결될 조짐은커녕

---

[62] Alexandra Scaggs. [It's Time to Worry Again About BBB-Rated Bonds]. nasdaq. com. Oct 3, 2019.

또 다른 문제를 양산하고 있음을 우리는 이 장을 통해 충분히 보았다. 이 외에도 심각한 지표와 문제는 넘쳐나고 있으나 이 정도로 마무리 하고자 한다.

대전환

그랜드 슈퍼 사이클 The Grand Supercycle

'엘리엇 파동 이론'[63]은 주식 차트의 가장 기본이고 이론이 정
립된 이후 2019년 현재까지 주식시장에서 빼 놓을 수 없는 중요
한 이론이 되었다. 이 이론을 만든 사람은 미국 회계사 출신 '랠
프 넬슨 엘리엇'이며 1938년 **파동 이론**The Wave Principle이라는 저
서를 통해 주식의 방향을 예측하는 이론을 정립했다. 엘리엇은
1930년대 초부터 과거 75년 간의 주가 움직임에 대한 연간, 월간,
주간, 일간 데이터는 물론 30분 단위의 데이터까지 분석한 결과
주식시장도 자연법칙에 따라 움직이는 반복적인 법칙이 있음을

---

[63] Investopedia Staff. [Introduction to Elliott Wave Theory]. investopedia.com. Nov 13, 2019.

발견하였다. 엘리엇 파동이론은 기본적으로 패턴, 비율, 시간이라는 세 가지 요인을 기반에 두고 있으며, 그 중 패턴을 가장 중요하게 여긴다. 주가의 변동은 상승 5파와 하락 3파로 움직이며 끝없이 순환하면서 시장의 추세를 이어간다는 것이 이론의 골자이다.

　다시 말해 주가는 연속적인 8개의 파동(상승 5파와 하락 3파)이 하나의 사이클을 형성하며 상승과 하락을 반복하는 패턴을 보인다는 것이다. 엘리엇 파동 이론은 적중률이 높아 현대의 투자자들에게도 매우 인기가 있고 가장 기초적이고 기본적인 이론서로 통하고 있다. 그러나 엘리엇 파동 이론을 깊이 있게 파악할 필요는 없다. 이렇게 생겼구나 하는 정도만 알면 되겠다.

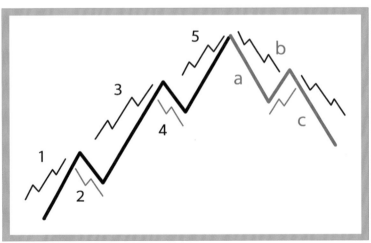

그림 26. Elliott Wave

그림 26과 같이 상승은 5개의 파동으로 하락은 3개의 파동으로 이루어지는데 C파의 하락이 1번 시작 파동 보다 더 하단에서 마감하는 경우도 있다.

지금 엘리엇 파동을 소개하는 이유는 일반적으로 잘 언급되지 않는 매우 큰 파동이 끝나가고 있으므로 이 파동의 상승 종착 지점과 미국의 2019년 말 현재 경제 상황을 연결해서 분석해보고자 하는 의도가 있기 때문이다.

엘리엇 파동의 '사이클' 주기는 1년에서 수년이며 '슈퍼 사이클'은 40~70년, '그랜드 슈퍼 사이클'은 수세기에 걸쳐 나타난다고 되어 있다.[64] 그리고 몇 년 사이 수세기 급의 마지막 5파동이 끝나고 있음을 전달하려고 한다. 상승 파동이 끝나면 패턴은 일정 기간 암흑기를 반드시 거쳐 왔으므로 이 암흑기에 관한 분석은 매우 중요하다. 사이클이 1년 짜리이면 3, 4개월은 암흑기를 반드시 거친다는 뜻이다. 암흑기를 거치지 않는 차트는 이 세상에 없거나 아직 암흑기가 오지 않은 두 가지 사례 밖에 없다. 어떤 큰 주기의 사이클이라도 암흑기는 반드시 존재한다.

---

[64] https://tradingthemarkets.blog/elliot-wave.

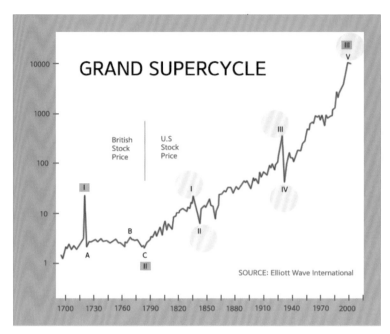

그림 27. 그랜드 슈퍼사이클

위 그림은 '그랜드 슈퍼사이클'을 나타낸다. 2000년부터 많은 엘리엇 파동 이론가들은 그랜드 슈퍼사이클에 대한 논의를 하고 분석했다. 위 그림은 그랜드 슈퍼사이클의 5파를 곧 마감하는 장면이다. 그랜드 슈퍼사이클 5파에 해당하는 암흑기(A, B, C 하락 파동)는 아직 오지 않은 상황이다. 위 그림은 국제 엘리엇 파동 단체에서 분석한 그림이다.

참고로, 엘리엇 파동을 연구하는 여러 단체의 연구 중 2019년

5월 19일 로버트 맥휴 박사_{Robert McHugh, Ph.D}의 분석 차트[65]를 보면 2020년 그랜드 슈퍼사이클의 5파는 곧 마감이 될 것이라고 한다. 위 차트의 출처인 엘리엇 파동 연구 단체에서도 2018년 기술적 분석에 의해 그랜드 슈퍼사이클의 마지막 5파가 2020년에 올 수 있음을 전했다.[66] 또 다른 연구 단체 '엘리엇 웨이브 골드'에서도 2018년 분석에서 S&P 500 지수가 3,000을 넘으며 5파를 연결해 갈 수 있다고 했는데 예측대로 2019년 12월 현재 지수가 3,000을 넘어섰다.[67] 그랜드 슈퍼사이클이 실제로 나타난다면 지구상에 전례 없는 대형 혼란을 초래할 수도 있다고 본다.

그러나 무조건적으로 파동이나 패턴을 신봉하여 이론적 현상만을 따르기 보다는 현 시대의 미국 그리고 달러의 급변하는 모습을 지속적으로 모니터링하고 분석하여 앞으로 도래할 방향성을 예측하는 것이 매우 바람직하다고 본다.

---

[65] Robert McHugh, Ph.D. [What Is Going On With The Stock Market?]. gold-eagle. com. May 19, 2019.
[66] EWFEric. [Recession in 2020? Technical or Fundamental]. elliottwave-forecast. com. Nov 8, 2018.
[67] Lara's Weekly. [S&P 500 Elliott Wave Analysis - 17th April, 2018 - Grand Super Cycle]. elliottwavegold.com. Jun 2, 2018.

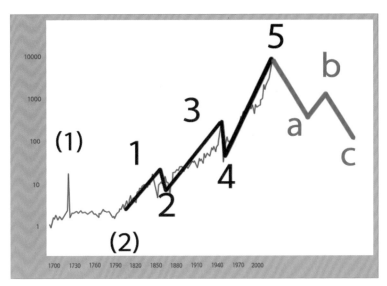

그림 28. Grand Supercycle의 하강 국면

그림 28은 그림 26과 27을 단순히 합쳐 본 그림이다. 저자의 큰 억지스러움 없이 가장 간단한 엘리엇 파동의 기본 그림과 실제 영국을 거쳐 미국의 2019년 현재 주가 지수에 이르기까지 5파 차트에 대입한 것뿐이다. 처음엔 미국의 1929년 대공황의 차트와 2019년 현재 증시 지수 차트가 매우 흡사하여 대공황 급의 경제 충격이 발생할 가능성에 중점을 두고 분석 중이었다. 그것이 이어져 우연히 '그랜드 슈퍼 사이클'의 관점에까지 분석의 규모가 확장되었다. 지금은 이 확장된 분석이 매우 중요하다고 판단하고 있다.

다음은 좀 더 작은 사이클인 '슈퍼사이클'로 들어가보자.

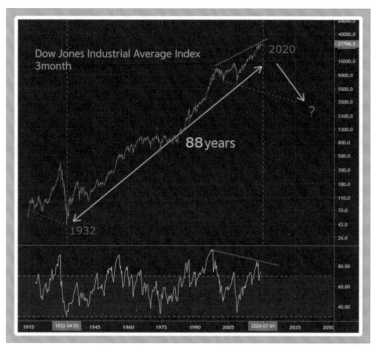

그림 29. Dow Jones Industrial Average Index, 1932-2020

위 차트는 '다우존스지수'로 '슈퍼사이클' 급 100년을 한꺼번에
볼 수 있는 **다우존스 로그 차트**[68] 이다. '슈퍼사이클'은 '그랜드 슈퍼
사이클' 보다 아래 단계 사이클이다. 미국 '다우존스 산업 지수'는
미국 30개 대표 종목의 주가를 산술 평균한 지수로 미국 뉴욕 증
시의 대표적인 시세 지표이다.

그림 29를 살펴보자. 크게 보아 2020년을 고점으로 본다면

---

[68] 로그 차트란 차트의 기간이 너무 길어서 보기 힘든 과거의 작은 금액대의 구간까지
쉽게 볼 수 있게 낮은 금액대로 갈수록 가격 폭을 크게 대입하는 차트의 기능.

그래프는 1932년부터 88년 간 내리 상승을 하였다. 지속적 상승에 따른 피로도 또한 매우 높은 상황이다. 마찬가지로 고점에서 하락 다이버전스가 나타나고 있다. 미국 경제가 지수만큼 건강하게 상승했다면 아무 문제가 없겠으나 질병에 걸린 듯한 처참한 수준과 차트의 상승 곡선은 매우 대조적이다.

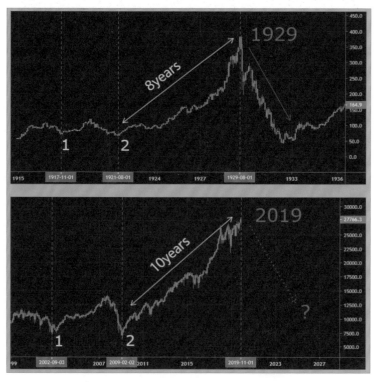

그림 30. Dow Jones Industrial Average Index,
1month- 1929 vs 2019

다음으로 1929년의 차트와 현재 시점의 두 차트가 패턴적으로 유사성을 가지고 있는지 비교해 본다. 다음 그림 30은 1929년 미국 대공황 당시와 2019년 11월 현재를 비교한 차트이다.

이 두 차트를 비교해 보면 매우 흡사함을 볼 수 있다. 1과 2, 두 번의 최저점 이후 10년 동안의 연이은 상승. 심지어 보조 지표

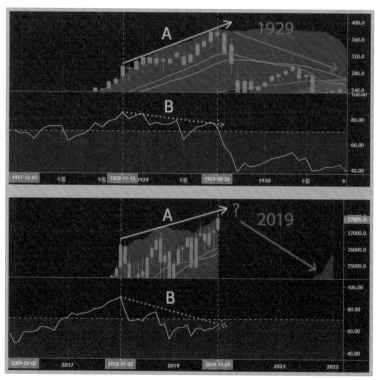

그림 31. Dow Jones Industrial Average Index
월봉과 RSI지표의 하락 다이버전스 비교

또한 비슷한 양상을 보이고 있으나 그림이 복잡해져 삽입하지 않았으며 다음 그림에서 보조 지표를 확대 분석해 보았다.

앞 페이지의 비교 차트는 직전 그림 30의 고점 부분을 확대해 본 것이다. 위 차트에서 1929년의 고점 부분을 살펴보면, 지수 A의 고점이 상승하는 동안 지표 B의 고점이 내려온다. 2019년의 그래프도 마찬가지다. 지수 A가 상승하는 동안 지표 B는 반대로 내려온다. 2019년 현재 차트는 A와 B의 관계를 규정 짓기에는 아직 이른 감이 있다. 그래서 '?'으로 남겨두었다. 미국 증시의 불꽃잔치는 아직 시간이 많이 남았으므로 더 지켜보기로 한다.

1929년 세계 대공황과 매우 닮아 있는 지금의 미국 증시 지수는 고점까지 매우 유사함을 보인다. 이것은 차트라는 표면적인 지수의 개념을 넘어선다 하여도 현실세계의 암울한 경기 침체 상황들과 매우 흡사하다. 이것은 '대공황' 급의 버블 붕괴로 이어질 가능성이 존재한다는 점을 시사한다. 더 나아가 '그랜드 슈퍼사이클'이라는 더 거대한 사이클의 암흑기로도 확장될 수 있다고 보는데 이 대형 사이클의 전환점이 현 경제와 어떻게 맞물려가는지 다음 장으로 연결해서 계속 분석해보기로 한다.

4차 산업혁명의 '일자리 감소' 공포와 성장 동력의 부재

엘리엇은 증시에 대한 파동을 연구하며 이 분석 속에서의 파동은 자연현상의 일부라고 말했다. 이는 확률과 통계의 연장선이기 때문이다. 즉, 확률과 통계의 공통 분모를 계속 확대해 나가면 자연의 모든 것에 공통적인 비율과 패턴이 존재한다는 것이다. 인간의 생애에도 '생로병사'라는 자연적인 순환과 '봄, 여름, 가을, 겨울'처럼 일정한 패턴이 존재한다. '엘리엇 파동'의 1, 2, 3, 4, 5의 상승 파장은 인간의 생애에 비유하자면 아동기와 청소년기, 1년으로 보면 봄과 여름으로 비유할 수 있다. A, B, C의 하락 파장은 중년기와 노년기, 가을과 겨울에 해당하는 혹독한 시련기이다. 그 시련기가 2020년 현재 시점이 되어 그랜드 슈퍼사이클의 하락 주기와 만난다면 최악의 시나리오가 될 것으로 예측할 수 있다.

경제의 암흑기와 매우 관련이 많은 기본 지표는 인구와 일자리 통계일 것이다. 다음은 산업혁명의 구간별 일자리 전망에 대해 알아보고자 한다. 인류는 2019년 현재 네 번째의 산업혁명을 맞이하고 있다. 1차 산업혁명에서 3차 산업혁명까지의 시기는 일자리가 늘어나는 시기이나 4차 산업혁명부터는 인간의 일자리가 사라지는 혁명이다. 인간은 1차 산업혁명 시점부터 기계가 인간의 일자리를 빼앗을 수 있다는 우려를 해왔다. 그러나 그 우려를 뒤로 하고 지금까지 인간의 일자리는 꾸준히 증가해 왔다. 기계와 로봇은 많은 발전이 있었으나 기계가 인간의 일자리를 크게 대체할 수 없었던 가장 큰 이유는 로봇의 **'인지능력'**이 그만큼 발달하지 못했기 때문이다.

그림 32. 사이보그(Cyborg) Photo by Gong Goo

그러나 4차 산업혁명부터는 사물과 로봇의 인공지능[69]이 급속도로 성장한다. 구글의 알파고가 최고의 프로 바둑 기사를 이기는 모습에서 우리는 미래에 있을 상황을 짐작할 수 있었는데 2017년 '소프트뱅크'의 손정의 회장은 로봇의 IQ가 앞으로 30년

---

[69] Ed Burns and Nicole Laskowski. [AI (artificial intelligence)]. searchenterpriseai. techtarget.com.

이내에 10,000을 넘어설 수 있다고 예측했다.[70] 4차 산업혁명부터는 로봇의 인지 능력이 급속도로 발달하여 인간의 직업과 일자리에 엄청나게 많은 변화와 혁신을 가져올 것이다.

4차 산업혁명Fourth Industrial Revolution은 크게 로봇, 인공지능AI, 빅데이터, 사물인터넷IoT, 가상현실VR, 자율주행, 5G5th Generation 등이 융합하여 새로운 환경을 만들어내는 것인데, 이 분야들은 모두 '무인화'라는 중간 과정을 두고 있다. 무인화가 4차 산업혁명의 근본적인 목적은 아니지만 모든 과정이 무인화를 향해 나아간다는 것이다. 이것은 앞으로 다가올 인류의 미래 성장에 반드시 필요한 과정이지만 인류는 이로 인해 경제적, 사회적인 큰 충격을 피할 수 없게 될 것이다. 새로운 경제 상승 동력의 첫 번째 조건이 바로 '일자리'이다. 노동 인구는 곧 소비 인구로 연결되기 때문이다. 그래서 일자리의 감소는 결국 모든 경제 성장의 발목을 잡게 된다.

로봇의 인공지능 융합이 점차 발달하여 '인지능력'을 폭넓게 사용하는 기능은 곧바로 인류의 일자리 감소로 이어지게 된다. 이 융합은 '자율주행', '공장의 생산 로봇 자동화', '무인 택배', '무인 점포' 등 모든 직업 속에서 이미 무인화를 확장해가고 있다.

---

[70] Catherine Clifford. [Billionaire CEO of SoftBank: Robots will have an IQ of 10,000 in 30 years]. cnbc.com. Oct 25, 2017.

2019년 7월 포브스지_{Forbes}의 길 프레스_{Gil Press}는 자신의 기사[71]에서 옥스포드 학계의 학자인 칼 베네딕트 프레이_{Carl Benedikt Frey}와 미쉘 오스본_{Michael Osborne}의 말을 인용하여, 2030년 중반까지 미국의 일자리는 산업의 무인화, 자동화로 인해 직업의 약 47%에 이르는 일자리가 대량 실직 위험에 놓이게 될 것이라고 전했다. 또한, '맥킨지 글로벌_{McKinsey Global Institute}'의 사례를 들면서 전 세계적으로 약 4천만 명에서 1억 6천만 명의 여성들이 2030년까지 직업을 전환해야 할 수 있으며 때때로 숙련된 역할로 전환해야 한다는 분석을 보도했다. 게다가 비서, 스케줄러 및 회계사가 수행하는 사무 업무는 특히 자동화에 취약한 영역이며 선진국의 일자리 중 72%의 여성이 이 직장군에 속해 있다고 했다. 이어서 옥스포드 이코노믹스_{Oxford Economics}의 사례를 인용하여 2030년까지 전 세계적으로 최대 2천만 개의 제조업 일자리가 로봇에 의해 사라질 것이라고도 언급했다.

이어진 기사에서, 그러나 다른 긍정적인 결과를 예측하는 기관에서는 더 많은 일자리가 생겨날 수 있다고 보았는데 세계경제 포럼_{World Economic Forum}에서 자동화는 7천 5백만 개의 일자리를 대체하지만 2022년까지 전 세계적으로 1억 3천 3백만 개의 새로운

---

[71] Gil Press. [Is AI Going To Be A Jobs Killer? New Reports About The Future Of Work]. Forbes. Jul 15, 2019, 09:18am.

일자리를 창출한다고 언급했다. 아울러 가트너$_{Gartner}$[72]는 AI 관련 일자리가 2025년까지 약 2백만 개의 신규 일자리를 만들어낼 것이라고 예측했다.

　하지만 이것은 단순한 추측성 기사로 보인다. 문제는 2019년 현재 현업에 종사하는 직장의 종사자들은 새로운 일자리로 가볍게 옮겨갈 수 없거나 나이와 전공, 적성 등의 한계로 새롭게 숙련을 할 수 없는 사람들이 더 많기 때문이다.

그림 33. AI.

---

[72] 미국의 정보 기술 연구 및 자문 회사이다.

인공지능의 발전으로 인해 인간의 일자리 중 가장 빠르게 없어질 직업 중 하나는 바로 '운송'이다. 운송 분야는 '택시', '화물', '택배' 등 사람과 물건을 운송하는 것이고 수송 방법은 '항공', '선박', '기차', '자동차' 등으로 분류할 수 있다. 우선 이 분야들은 인공지능을 활용해 100% 무인화로 대체될 가능성이 높다.

다음은 미국 교통국에서 정의하는 5단계의 주행 자율화 개념이다.

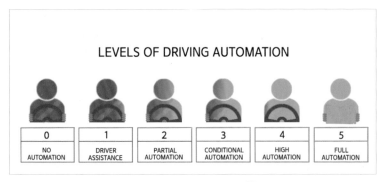

그림 34. 미국 교통국 5단계의 주행 자율화[73] Design by Gong Goo

레벨 1은 차량의 안전거리를 유지해주는 크루즈 컨트롤 등이 이에 해당한다. **레벨 2**는 부분 운전 자동화로 차량의 감속이나

---

[73] [Dude, Where's My Autonomous Car? The 6 Levels of Vehicle Autonomy]. synopsys.com.

그림 35. AI.

조향등을 제어하는 Tesla의 Autopilot과 Cadillac_{General Motors}의 슈퍼 크루즈_{Super Cruise} 시스템이 모두 이에 해당하며, **레벨 3**은 조건부 주행 자율화로 폭스바겐의 레이더 스캐너와 고급 센서 융합 및 처리 성능이 결합된 'Traffic Jam Pilot'이 이에 해당하며 2019년 말 출시를 앞두고 있다. 이 단계에서는 차량이 도로 환경을 감지하고 스스로 제어한다. 운전자는 시스템 실행이 어려울 경우를 대비해서 제어할 준비가 되어있어야 한다. 유럽에서는 아우디가 독일 최초 '레벨 3'의 A8L을 출시 준비 중이다. **레벨 4**는 차량의 시스템이 문제가 생기면 레벨 4차량이 개입을 한다는 것이다. 이 레벨에서는 대부분의 상황에서 인간의 상호작용을 필요로 하지 않게 된다. 하지만 인간이 수동으로 재 지정할 수 있는 선택 권한을 가지고 있으며 차량은 자율주행 모드로 주행할 수 있다. 그러나 자율주행에 대한 입법과 관련한 인프라가 갖춰지기 전까지는 제한된 구역에서만 운행할 수 있다. 따라서 현존하는 대부분의 레벨4 차량은 차량 공유에 포커스가 맞춰져 있다. 프랑스 기업인 NAVYA와 캐나다 자동차 공급업체 마그나는 이미 레벨 4 주행차를 개발했다.

레벨 5는 인간의 주의를 필요로 하지 않는다. 레벨 5 차량은 핸들이나 가속 페달도 갖추지 않는다. 어디든 갈 수 있고 숙련된 운전자가 할 수 있는 모든 것을 대신해서 할 수 있다. 하지만 세계 각국에서 완벽한 전자동 자율주행차 개발에 수없이 도전하고 테스트하고 있지만 아직 일반 대중이 이용할 수 있는 전자동 자율주행 자동차는 완성되지 않았다.

결과적으로 2019년 말 현재는 레벨 4의 자동차가 개발되어 운행되는 레벨 4 초기 시장이라고 볼 수 있으며 **레벨 5**의 완전 자율화는 멀지 않았다고 짐작할 수 있다. 그리고 자율화에 있어서 몇 가지 풀어야 할 과제[74]를 본다면 첫째, 차량에 배당된 레이더의 주파수가 대량 생산을 하기에 충분한지 알 수 없는 문제,

---

[74] [What is an Autonomous Car?]. synopsys.com

둘째, 폭우나 눈 같은 자연재해나 오물 등에 의한 차선 지워짐을 해결해야 하는 문제, 셋째로 교통 여건과 법률적 문제에서 더 보완되어야 하며 넷째, 국가와 연방의 규정과 차이에서 일어나는 문제 다섯째, 사고 책임에 따른 배상 문제와 여섯째, 인간의 감성적 운행 능력을 함께 탑재할 것인가 하는 과제 등이다.

몇 가지의 문제점들을 살펴보았으나 크게 난제가 될 점들이 많아 보이진 않는다. 점차 가속도가 붙는 인공지능의 속도를 보면 앞서 나열한 문제점들은 그리 큰 장애물은 아니라고 본다. 또한 주파수는 기술적 발전의 문제이고 자연재해나 오물로 지워지는 문제들은 미리 그려진 도로가 입력되고(기술의 진화가 해결한다는 뜻) 미리 입력된 지도를 GPS와 매칭하면 된다. 연방과 국가간의 여러 통행의 문제도 법률과 세금 등의 정보를 미리 입력하는 등 자동으로 제어될 수 있는 부분이다. 교통사고 관련하여서도 인간의 졸음운전이나 음주 운전 또는 실수로 사고를 내는 확률보다 인공지능으로 인해 발생하는 교통사고의 확률이 훨씬 적을 것이다.

전자동 자율주행 시스템이 얼마 남지 않았다.
그래서 향후 운송업계 종사자들은 점차 빠른 속도로 사라질 것이다.

한편, 운송수단 이외의 로봇과 사물인터넷, 인공지능 등이 융합하여 완성되는 자동화 시스템은 인간이 가진 대부분의 일자리를 대체할 가능성이 크다.

2019년 11월 19일 포춘지의 조너던 바니안은 그의 기사 '인공지능은 2030년까지 이러한 직업을 사라지게 할 것이다.'[75]에서 포레스터Forrester의 부사장이자 수석 컨설턴트인 하드 스미스Huard Smith의 말을 인용하여 기계학습, 소프트웨어로 자동화 할 수 있는 반복적이고 수동적인 작업에 관해 언급하면서 사무실 근무자의 약 73%가 2030년까지 자동화 되어 약 2천만 개 이상의 일자리가 제거될 것이라고 예측했다. 또한 식료품점 점원으로 일하는 사람 등을 포함하여 위치 기반 근로자들도 A.I.에 의해 심각한 영향을 받을 것이라고 그는 설명하며, 위치 기반 일자리의 약 38%가 2030년까지 자동화되어 약 2,990만 개의 직업이 사라질 것이라고 언급했다.

인공 지능으로 인한 실직은 일부 직무군에서 이미 발생하고 있다고 그는 말했다. 그는 식료품점의 경우를 예로 들면서, 재고를 추적하기 위해 선반에서 제품을 스캔할 수 있는 로봇의 도움으로 5명의 직원을 해고했다고 언급했다. 상점의 재 입고 정리를 할

---

[75] Jonathan Vanian. [Artificial Intelligence Will Obliterate These Jobs By 2030]. Fortune. Nov 19, 2019.

사람은 한 명뿐이다. 더 나아가 그는 재고 추적 로봇의 다음 버전을 보유할 수 있다면 식료품점에는 "실제로 사람이 필요하지 않을 수 있다"고 말했다.

그림 36. Unemployment

> "그리고 코드를 배우는 것이 미래에 우위를 점한다고 생각한다면 다시 생각하라"고 경고했다. 스미스는 "코딩이 자동화 될 것이므로 소프트웨어 개발자 조차도 위험에 처해 있다"고 밝혔다."

동일 기사에서, 많은 회사 임원들은 A.I.가 일자리에 미치는 영향을 무시하고 A.I.가 새로운 일자리를 창출할 것이라고 주장하는데 이 주장과는 반대로 A.I.는 미국 전체 일자리의 27%를 사라지게 하고 13%만이 새롭게 창출될 뿐이라고 언급했다. 그리고 그는 "10년 이상은 지속적으로 일자리 창출이 어려울 것"이며 이 현상은 2030년까지 지속될 것이라고 경고했다.

한 가지 더 파격적인 사례는 2017년 2월 26일 뉴스위크 NEWSWEEK 캐빈 매니Kevin Maney의 기사에서 A.I.로 인해 골드만 삭스의 트레이더 600명 중 두 명을 남기고 모두 해고당했다는 사실이다.

지금까지 인류의 직업은 무수히 많이 사라지고 새로운 직업들이 무수히 많이 생성됐으니 앞으로도 새로운 일자리는 계속해서 생겨날 것이라는 견해의 낙관론자들이 많다. A.I.가 대세가 되면 A.I. 관련 직업이 증가하게 되니 걱정하지 않아도 된다는 식의 과거 정체형 논리는 일자리로 인한 미래의 고통을 가중시키는 원인 중 하나가 될 것이다. 일자리 문제는 경제 동력의 핵심적 이슈라고 저자는 여러번 거듭 강조했다. 경기 침체가 가속화 되면서 일어나는 일자리 감소는 4차 산업혁명과 맞물려 상상을 초월할 정도로 심각하게 대두될 것이다. 향후 세계 제 2의 금융위기가 오더라도 재도약의 동력이 약해지면 세계경제는 2008년 금융위기의 상처가 아물기도 전에 더 큰 상처로 번져 완치되기까지 오랜 시간이 걸릴 가능성이 크며 **이대로 가게 되면 재상승할 동력 조차도 붕괴될 수 있다.**

경제 붕괴의 징후: 금, 은의 매집

오래 전부터 경제의 붕괴가 일어나면 금과 은의 폭등이 발생했다. 지폐의 결과물은 종이이며 암호화폐 또한 데이터일 뿐이다. 화폐에 '신용'이라는 것이 빠지면 그냥 휴지가 된다. 결과적으로 인류 역사에 실존하는 가치의 화폐는 오직 '금'뿐이다. 이 저서에서 암호화폐를 부각시키는 것은 앞으로의 여러 가능성 때문이다.

다음은 미국 금 선물[76] 시장 코멕스Comex의 3개월봉 차트이다.

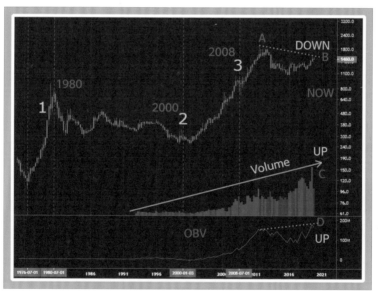

그림 37. 미국 금 선물 Comex 로그 차트

---

[76] 선물: 미리 가격을 예측하여 투자하는 상품

앞의 그림에서 가장 특이할 만한 사항은 '**거래량의 증가**'이다. 인류 역사상 가장 많은 금 거래가 이루어지고 있다. 앞서 보았던 애플, 아마존의 차트와는 매우 상반되는 것을 볼 수 있다. 이것은 미래에 어떤 일이 일어날 것인가를 보여주고 있다. 아마도 애플, 아마존의 미래와는 상반되는 결과가 나타날 것이라고 감히 예측해 본다. 금의 가격과 함께 1900년 후반부터 2019년 현재까지의 거래량Volume은 어떤 차트에서도 볼 수 없을 만큼의 거대한 모습이다. 금과 은 가격의 상승은 세계경제의 큰 위기에서 매번 나타났다.

1976년부터 1980년까지 금 가격의 상승률은 약 773%의 엄청난 상승을 했다. 이것은 아마도 제 3장에서 이미 다루었던 1, 2차 오일쇼크 사태에서 기인한 것으로 보인다. 스태그플레이션을 겪으면서 물가 상승이 원인이 되었다.

금의 거래량 급증과 함께 특이한 사항은 **OBV**지표이다. 조 그랜빌Joe Granville은 거래량이 주가에 선행한다는 사실을 알고 이 이론을 만들었다. 이 이론도 매우 간단하게 설명하자면 OBV지표가 올라가면 이후의 상승 가능성도 높아진다. 이 지표 또한 자세히 알 필요는 없다. 거래량이 높다 하더라도 그 안에 숨은 매수량과 매도량 중 어느 비율이 높은지를 알 수가 없는데 비해 OBV지표로는 확인할 수 있다. 금의 가격은 A에서 B로 떨어지는데

OBV지표는 D로 상승하고 있다면 매수량이 급증하고 있다는 증거이다. '상승 다이버전스' 이다.

이것은 앞으로 큰 위기가 닥쳐올 것을 암시한다. 숨어있는 시장의 많은 세력들이 금을 사들이고 있기 때문이다. 인류 역사상 가장 많은 거래량이다. 대전환이라고 보기에도 좋을 역대급 신호탄이다.

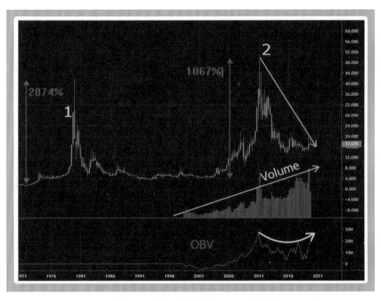

그림 38. 미국 은 선물(Comex) 차트

'은'은 금과 마찬가지로 차트 그림의 1번 스태그플레이션 당시 바닥에서 2,874%의 경이적인 상승과 2002년부터 그림의 2번

2011년까지 약 1,000%가 넘는 상승을 기록했다. '은'도 마찬가지로 거래량이 천문학적으로 올라가고 있다. 가격이 뚝 떨어진 상황에서도 OBV지표는 위로 U턴을 하고 있다. 금과 은의 이 같은 거래량은 달러를 신뢰하지 않기 때문에 벌어지는 실질적인 '인플레이션' 때문이다. 여러 가지 땜질 처방으로 살살 뭉쳐놓은 경제 처방으로 우리는 맛을 느끼지 못하는 혀를 가지게 되었다. 그러는 와중에도 자연스럽게 시장의 지표는 진실을 말해준다. 달러가 휴지가 되어가는 과정에서 시장은 위험을 감지하고 금, 은으로 갈아타는 형국이다.

더욱 놀라운 사실은 '은'의 고점인 2011년부터 JP모건이 은을 대량 매집하고 있다는 사실이다. 에스디 불리언SD BULLION의 제임스 앤더슨James Anderson이 기고한 연구서[77]에 따르면 미국 코멕스의 '은' 선물시장의 절반 이상이 JP모건의 소유라고 전했다. 말문이 막힐 정도다. 더 놀라운 사실은 JP모건은 2011년 이전까지 은을 전혀 보유하고 있지 않았다는 사실이다. JP모건이 은을 10년 가까이 매집한 원인을 상상해 보라.

---

[77] James Anderson. [Do like JP Morgan's doing, Buy Silver Bullion], sdbullion.com. July 09, 2019.

2008년 3월 베어 스턴스_{Bear Stearns}의 선물 파생 상품 파산으로 인해 '은' 선물 파생 상품이 JP모건으로 인수되어 넘어갔는데 JP 모건은 몇 년 후 은의 대량 매집을 시작했다. 2011년부터 JP모건 은 은 가격의 고점에서 은 가격을 떨어뜨리며 2019년 말 현재까지 지속적으로 은을 매집하고 있다. 보통 세력 매집은 바닥에서 대량으로 하는 편인데 JP모건의 이러한 행동은 더 많은 은을 사들이기 위한 수순으로 보인다. JP모건의 코멕스 매수량은 독보적인데 코멕스의 은 저장고에는 8년간 1억 5천 3백만 온스가 넘는 압도적인 양으로 가장 많은 보유량을 가진 기업이 되었다. 과거 '금과 은'은 상승시마다 1,000% 전후의 상승을 보여왔다. 다음에 있을 금과 은의 상승은 이것을 충분히 초월하리라 본다.

> 시장의 지표는 모든 것을 알려주고 있다.

중국, 일본, 독일의 동반 위험성

2019년 말 현재 유럽과 중국, 일본의 경제 심각성은 미국보다 훨씬 심각하다. 2019년 11월 현재 세계 GDP 국가 순위를 보면, 1위 미국, 2위 중국, 3위 일본, 4위 독일이다. 2위부터 4위까지 국가들의 현재 지표와 상황은 세계 경제에 밀접한 영향력을 끼치고 있으므로 함께 분석해보기로 한다. 경우에 따라 이 국가들은 문제가 생길 경우 미국을 비롯한 세계 경제에도 큰 영향을 줄 수 있다.

2019년 10월 '가우디언 뉴스Guardian News'의 래리 엘리엇Larry Elliott은 'IMF는 세계 경제가 국제 통화기금IMF를 인용하여 **19조 달러의 기업 부채**로 인한 시한폭탄에 직면해 있다.'[78] 라는 그의 기사에서 국제 통화 기금IMF은 저금리로 인해 기업들이 또다른 세계적 불황이 발생할 경우 부채 수준이 19조 달러에 달할 위험이 있다고 밝혔다.

또한 세계 금융 시장의 상태에 대한 반년의 보고서에서 IMF는 미국, 중국, 일본, 독일, 영국, 프랑스, 이탈리아, 스페인 등 8개

---

[78] Larry Elliott. [Global economy faces $19tn corporate debt timebomb, warns IMF]. theguardian.com. Oct 16, 2019 13.30 BST.

주요 국가의 기업 부채 중 거의 40%가 10년 전과 같이 심각한 침체에 접어든다면 서비스하기가 불가능할 것이라고 인용했으며 IMF는 선진국과 개발 도상국 모두에서 중앙 은행이 제공하는 부양책은 많은 은행들이 갚는 데 어려움을 겪더라도 기업들이 더 많은 돈을 빌리도록 권장하는 부작용이 있다고 래리 엘리엇은 지적했다. 미국 이외의 국가들도 2008년 이후 경제 상황이 개선되지 않고 있다.

현 시장의 긍정론자들은 2020년에 선진국은 성장이 둔화 되더라도 신흥국들이 발전할 가능성이 있다고 여러 참고할 만한 보고서를 인용하지만, 우리는 시장을 보는 눈에서 항상 폭탄을 제거하고 보는 버릇이 있다고 생각한다. 10년 안팎을 주기로 세계는 늘 경제적 충격을 받아왔다. 경제적 충격을 받기 직전까지도 왜 그 폭탄이 터지는지, 왜 그런 사태가 일어나는지 모르고 계속 낙관적인 자세를 취해왔기 때문에 항상 폭탄은 터졌다. 폭탄은 어디서 어떻게 일어날 지 아무도 모른다. 다만 2019년 말 현재의 경제 상황이 2008년 금융위기 당시 받았던 후유증이 완전히 치유되지 않았고 그 당시보다 더 나아진 모습이 아니기에 긍정적인 모습으로만 바라볼 수 없다는 것이다. 선진국에 메가톤급 폭탄이 터지면 신흥국의 경제는 더 심각하게 망가지게 된다.

<중국>

경제 대국 2위인 중국의 경우 올해 GDP 연간 성장률이 6% 대의 턱걸이를 했으나 이것도 믿을 수 없다는 시장의 우려가 많은 분위기다. 중국의 경제 문제는 부채와 부채 상환문제, 미국과의 무역전쟁, 돼지 열병, 일대일로 정책, 홍콩 문제, 성장 둔화, 수출 감소, 기업의 디폴트 문제 등이다.

2019년 '하버드 비즈니스 리뷰Harvard Business Review'[79]에서 중국의 정부 부채는 GDP의 266%인 약 34조 달러이며 빠르게 증가하고 있고 기업 부채 또한 증가하고 있다고 전했다. 재무부에서 제공한 2018년 7월 데이터에 따르면, 중국 국영 기업의 총 부채는 전년 대비 8.8% 증가한 16조 달러를 넘어섰다. 이는 미국의 모든 비금융 기업의 부채보다 약 15% 가량 더 많은 금액이다. 지난 7년 동안 중국의 부채는 4배로 증가했으며 2017년 한 해에만 14% 증가했다고 전했다.

할 램버트Hal Lambert는 2019년 8월 "중국이 다음 아시아 경제 위기를 야기하는 원인이 되는가?"라는 그의 칼럼[80]에서 **중국이 다음**

---

[79] J. Stewart Black & Allen J. Morrison. [Can China Avoid a Growth Crisis?]. Harvard Business Review. Sep-Oct 2019 Issue

[80] Hal Lambert. [Is China About to Cause the Next Asian Economic Crisis?]. realclearpolitics.com. Aug 13, 2019.

경제위기의 원인이 될 가능성이 높다고 하면서 1997년에 있었던 아시아 금융위기에서 그 원인이 되었던 태국의 상황과 매우 흡사하다는 분석을 했다.

거의 모든 금융 위기는 근본적으로 흡사한 문제를 가지고 있는데 중국은 막대한 부채가 있다. 민간은행에 대한 국내 신용도는 국내총생산$_{GDP}$의 '161%' 수준이다. 1997년 위기는 태국에서 시작되었는데 그 수준이 GDP의 '166%' 였던 시기였다. 기업, 가계, 정부 채무를 포함한 중국의 총 부채는 2008년 이후 두 배로 증가했고 2019년 현재 GDP의 303% 또는 40조 달러가 넘는다고 전했다.

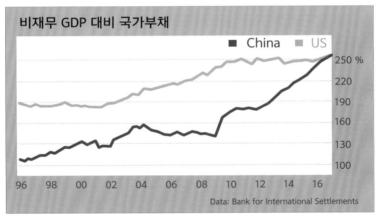

그림 39. 중국과 미국의 비 재무 GDP 대비 국가 부채 비율

중국 금융 시스템의 또 다른 걱정스러운 변화는 2019년 현재 계좌 잔액이다. 지난 10년 간 무역수지가 급격히 떨어져 마이너

스가 될 위기에 직면했다. 적자가 되면 중국은 미래 성장을 위해 외국 자금을 빌려야 할 것이다. 2007년까지만 해도 경상수지 흑자가 4,200억 달러로 국내총생산$_{GDP}$의 10%에 달했던 시기도 있었다.

2018년 11월 남중국모닝포스트는 중국 부동산 개발업자들이 2019년 510억 달러가 만기됨에 따라 '재 융자 수요 급증'에 직면했다고 보도했다. 중국은 2019년 현재 미국에 3조 달러의 부채를 지고 있는데 지난 주 채무불이행 위험이 6년 만에 최고 수준으로 치솟았다. 시장은 중국 부채에 대한 신용 불이행 보험을 들기 시작했고 자금 조달이 어려운 중국 기업들의 달러 채권들이 2020년 무더기로 만기 상환이 도래하고 있어 디폴트[81] 경고음이 커진다고 했다. 블룸버그는 상환이 도래 되는 달러 채권 규모는 86억 달러에 달하며 중국에서 자금 조달이 어려운 정크 기업들이 발행한 채권 가운데 40%가 내년 만기를 앞두고 있다고 보도했다.

2019년 말 현재 중국의 GDP는 꾸준히 하락하고 부채는 꾸준히 증가하고 있으며 부채와 채무 상환의 압박에 시달리고 있다. 이것은 민간 기업과 정부 모두의 경우에 해당하며 이미 디폴트(채무 불이행)가 진행되고 있다. 최근 블룸버그에 따르면[82] 중국에서 사상 최대 규모의 해외 채권 채무 불이행 사태가 벌어졌다고

---

[81] 채무 불이행, 부도
[82] Hong Shen & Molly Dai. [China's $17 Billion Default Wave Is About to Break a Record]. Bloomberg. Dec 3, 2019.

전하며 11월 초 이후 최소 15건의 채무 불이행이 발생하여 2018
년의 연간 기록인 1,219억 위안에 근소한 차이로 접근했다고 전
했다. 올해 중국의 부채는 부동산 개발업자와 철강회사에서 신에
너지 기업과 소프트웨어 제조업체에 이르기까지 광범위한 산업
으로 확산되었다고 하며 피치 래이팅스_{Fitch Ratings}[83]의 왕잉 분석
가는 "당국이 모든 회사를 구하기가 어렵다는 것을 알게 되었다"
고 말했다.

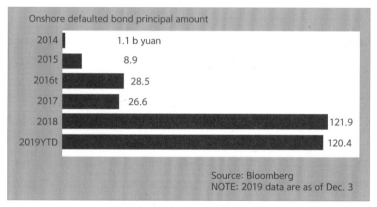

그림 40. 중국의 연도별 채무 불이행 상황

중국 정부는 이 같은 상황이 크게 대수롭지 않다고 보고 있다.
하지만 중국의 문제는 경기 둔화로 인해 더 크게 벌어질 조짐을
보인다.

---

[83] 국제신용평가기관

최근 2019년 11월 26일자 블룸버그 뉴스에서 '20년 만에 최대
국영기업 파산 직면'이라는 보도[84]가 나왔다. 자금 조달에 어려움
을 겪던 이 기업은 테우그룹_{Tewoo Group's}으로 2018년 포춘 글로벌
500 리스트에서 132위를 차지했는데, 이는 서비스 사업자인 차
이나 텔레커뮤니케이션과 금융 타이탄 시틱 그룹 등 다른 많은
대기업들보다 높은 수치다. 포춘의 웹사이트에 따르면, 이 회사는
연간 666억 달러의 수익, 383억 달러의 자산, 그리고 2017년 현
재 17,000명 이상의 직원을 보유하고 있다. 채권 보유자들은 최대

그림 41. 중국의 경제 문제 Photo by Gong Goo

---

[84] Rebecca Choong Wilkins and Tongjian Dong. [China Faces Biggest State Firm
Offshore Debt Failure in 20 Years]. Bloomberg. Nov 26, 2019

64%의 손실을 입거나 12억 5천만 달러의 채권에 대한 할인 폭을 줄인 채 지연된 상환을 받는 것을 결정해야 한다고 밝혔다.

현재 이 최신 뉴스는 매우 충격적이고 놀랍다. 이 뉴스 하나로 중국의 현 주소는 결코 낙관적이지 않다는 것을 알 수 있다. 중국은 다른 많은 문제들이 산재해 있어 경제 전반에 걸친 도미노 현상이 발생할 가능성이 크다.

중국의 심각한 문제를 가중시킬 또 다른 큰 원인은 '일대일로 사업China's Belt and Road Initiative'[85]이다. 2014년 11월 중화 인민 공화국에서 개최된 아시아 태평양 경제 협력체 정상회의에서 시진핑 주석이 제창한 경제권 구상이다. 일대일로(一帶一路)는 육상과 해상을 중국 중심으로 하나의 '비단길'로 연결하겠다는 것이 핵심이다. 이것은 중국 중심의 국제 패권을 구상한다는 의미와 철강이나 건설 등의 중국 내수 산업의 포화 상태를 해소하려는 의도가 숨어 있다. 유라시아와 아프리카 일부에까지 뻗은 이 사업은 최근 여러 국가들의 원성과 비판을 받고 있다. 또한 중국의 막대한 자본이 들어간 이 사업에 투자금이 회수되지 못할 경우 중국 경제에 심각한 문제를 초래할 수 있는데 이미 투자금 상환이 이루어지지 않는 국가들이 늘어나고 있는 중이다.

---

[85] [What is China's Belt and Road Initiative?]. Guardian News.

블룸버그 2019년 8월 14일 기사에서 몇몇 나라들은 이 프로젝트로 인해 곤경에 처해 있는데 많은 국가들은 종종 대중의 반발 또는 정부의 교체 문제 등으로 이 사업을 재고 중이라고 전했다.

이들의 불만 사항을 예를 들자면, 부패, 부풀린 계약, 과도한 부채, 환경 파괴, 수입된 중국 노동력에 대한 의존 등이 있다. 스리랑카는 새 항구를 짓기 위해 많은 돈을 빌렸으나 대출금을 갚지 못하다가 부채 탕감을 대가로 중국 국영기업에게 그 항구를 99년 임대를 주었다.

중국은 파키스탄에 8억 달러 수주로 카라치에서 페샤와르로 철도를 업그레이드할 예정이었으나 오랜 채무 문제로 고전하고 있는 이슬라마바드의 새 정부는 비용을 절반으로 줄이기를 원하고 있고 미얀마는 이전 군사 정권 하에서 체결된 항만 계약을 75억 달러에서 13억 달러로 대폭 축소했으며 말레이시아 새 정부는 2019년 30억 달러 규모의 송유관을 취소하고 철도 프로젝트를 재협상함으로써 그 비용을 110억 달러로 3분의 1 수준으로 줄였다. 몰디브 지도자들은 지난 정부 시절 이 사업과 관련된 대규모 뇌물 수수 의혹이 제기되는 가운데 채무 탕감을 모색하고 있으며 2019년 6월 케냐 법원은 주요 관광지인 라무섬에 중국인이 지원하는 발전소 건설을 중단하고 새로운 환경영향평가를 명령했다.

중국의 일대일로 사업은 부패와 채무, 현지 사정 등으로 매우 곤혹스러운 상황에 있다. 그러나 여기에 흘러 들어간 자금이 얼마나 되는지, 보이지 않는 비자금이 얼마나 숨어있는지 등의 문제가 있다. 부채를 갚을 수 없는 국가들에 사업을 진행하며 그 국가에 대한 공공 시설을 담보로 착취에 가까운 상환 부담을 안기는 형태는 중국과 해당 국가 모두에게 충격을 줄 수 있다. 중국은 이렇게 쏟아 부은 자금을 결코 쉽게 회수할 수 없을 것이다.

그리고 11월 1일자 블룸버그 뉴스[86]를 통해 중국의 한 소형 은행의 '뱅크런'[87]사태를 보도했다. 이 사건은 중국의 SNS '위챗'에서 발생한 소문으로부터 시작되었고 공황은 가라앉았지만 불씨는 여전히 남아있음을 시사했다. 그리고 이미 두 곳 이상의 소규모 대출기관이 구제금융을 요구했다고 밝혔다. 이어서 중국의 소규모 대출 기관 중 상당 수는 경기 둔화에 시달리는 위험한 대출과 투자에 자금을 쏟아 붓고 있기 때문에 실질적인 위험에 시달리고 있다고 전했다.

블룸버그의 11월 29일자 뉴스[88]에서는 중국이 금융 경고 위험이 거의 모든 곳에서 일어나고 있다고 전했다. 농촌은행에서

---

[86] Lucille Liu & Jun Luo. [Bank Run in Rural China Tests Faith in Thousands of Lenders]. Bloomberg. Nov 1, 2019.
[87] 은행의 부실을 감지하고 한꺼번에 현금을 인출하는 사태
[88] Lucille Liu, Tongjian Dong & Jun Luo. [China Financial Warning Signs Are Flashing Almost Everywhere]. Bloomberg. Nov 29, 2019.

소비자 부채 급증과 전례 없는 채권 구조 조정에 이르기까지 중국에서 금융 스트레스의 조짐이 커지면서 정책 입안자들을 곤란하게 만들었다고 밝혔으며 골드만삭스는 중국 정부가 "경제를 유지하는데 최소한의 노력만 한다"고 비꼬았다.

블룸버그의 같은 기사에서 중국의 가장 까다로운 과제 중 하나는 소규모 대출 기관과 국영기업의 건강 악화로 중앙 정부의 지원 없는 금융의 연계로 인해 상황이 더욱 나빠질 것임을 시사했다. 또한 국영기업 테우_{Tewoo Group}의 엄청난 부채가 소재지 텐진_{Tianjin}에서 더 많은 금융 문제를 일으킬 것에 대해서도 깊은 우려를 나타냈다.

중국은 이 밖에도 홍콩 문제, 성장 둔화, 돼지 열병 그리고 아직도 끝나지 않은 미국과의 무역 전쟁이 숨통을 조여오고 있다. 중국은 앞으로 어떤 문제든 터지기 시작하면 연쇄 폭탄으로 확장될 가능성이 매우 높은데 이미 **테우그룹**_{Tewoo Group's}의 부도가 터져 조만간 다른 경제 분야로 불똥이 튈 가능성이 크다.

<일본>

일본은 누가 어떤 식으로 보든 아주 오래 전부터 경제 전반에 걸쳐 답이 없던 나라였다. '잃어버린 10년'이 '잃어버린 20년'이 되고 지금은 '잃어버린 30년'이 되었다. 그냥 '잃어버린 일본'이라고 하는 편이 낫겠다. 일본 정부의 통계에 따르면 일본은 고령화 국가로 인구의 28%가 65세 이상이며 이것은 노동 인구가 급격히 줄어드는 것을 의미한다. CNN의 기사[89]에 따르면 일본의 인구는 2018년 1억 2천 6백만 명에 달했으나 이것은 전년 대비 26만 명 감소한 수치이고 2065년까지 8천 8백만 명대로 떨어질 것으로 예측했다. 일본은 인구 감소와 노령화로 인해 경제의 동력인 소비 인구와 노동인구 감소라는 큰 문제에 직면했다. 일본의 인구 문제는 경제를 매우 위태롭게 하고 있다.

니케이 아시안 리뷰Nikkei Asian Review[90]에서 10월 현재 수출 감소와 세금인상으로 일본 경제가 걱정스러운 단계로 접어들었다고 보도했다. 일본의 새로운 일자리는 8월에 917,772로 감소했고 이는 6% 감소한 수치이며 제조업의 새로운 일자리는 15.9% 급감

[89] Julie Zaugg & Chie Kobayashi. [Japan's fertility crisis even worse than before as births fall sharply]. CNN. Oct 9, 2019.
[90] Mariko Hirano. [Japan's economy flashes red on falling exports and tax hike]. Nikkei Asian Review. Oct 08, 2019 07:54 JST.

했다고 전하며 도쿄의 노린슈킨 연구소_{Norinchukin Research Institute}의 수석 이코노미스트 인 다케시 미나미_{Takeshi Minami}는 "일본 경제가 지난해 가을에 정점에 도달 한 후 수출 감소로 인해 경기 침체기에 진입했다."고 말했다.

일본의 GDP 성장률은 2019년 상반기 0.1%를 기록하며 일본의 암울한 상황을 대변했는데 청년 실업률은 연중 최고치를 기록하는 등 각종 지표가 일본 경제의 동력이 사실상 없어졌음을 시사했다. 또한 일본의 대외 부채는 갈수록 증가 중인데 2019년 들어 국가부채 비율로는 253%로 역대 최고치를 갱신 중이다.

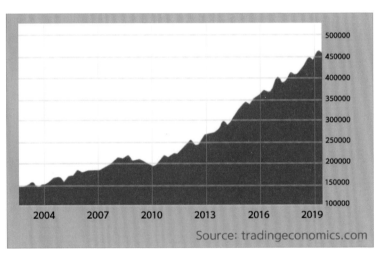

Source: tradingeconomics.com

그림 42. 일본의 대외 부채 추이

일본은 최장수 총리 아베의 경제 정책 '아베노믹스[91]'를 진행했는데 이 정책의 문제도 심각하다. 경제학자 다니엘 라칼레_{Daniel Lacalle}는 헤지아이_{Hedgeye}의 기고문[92]에서 아베노믹스의 문제를 지적했다. 아베노믹스는 실패했으며 일본 중앙은행의 대차대조표는 국내총생산의 100% 이상으로 급증했고, 중앙은행은 ETF의 약 70%를 소유하고 있으며 GDP에 대한 정부 부채는 236%로 증가 중이다. 또한 기록적으로 낮은 부채 비용에도 불구하고 정부 예산의 22%를 이자 비용으로 지출하고 있다.

일본은 QQE(양적, 질적 완화)라고 불리는 대규모 통화 실험에서 예상된 결과 중 어느 것도 달성되지 못했고 성장은 2020년 세계에서 가장 약한 국가 중 하나가 될 것으로 IMF는 예상했으며, 인플레이션과 경제 성장 목표를 모두 놓치고 있다. 반면, 중앙은행과 국가 부채의 대차대조표는 치솟았으며 실질임금은 수년간 정체되어 왔고, 경제활동은 지난 20년간의 지속적인 경기부양과 마찬가지로 계속 부진해 왔다고 전했다.

또한 이 기고문에서 다니엘 라칼레는 부채와 화폐 발행을 늘리

면서 인구 감소 문제와 생산성 문제를 한꺼번에 상쇄할 국가는 없다. 그것은 단순히 경제를 더 약하게 만들고 영구적인 침체 상태에 빠지게 한다고 그는 지적했다.

아베노믹스로 인해 일본은 막대한 부채가 발생하고 막대한 엔화를 발행했음에도 불구하고 일본의 현실은 나아지지 않았고 앞으로도 크게 달라질 기미가 보이지 않는다.

그리고 일본은 근래 한국과의 무역마찰을 일으키면서 경제적으로 좋지 않은 상황을 만들었는데 이 문제는 양 국가가 모두 피해를 입겠지만 일본의 문제만 보자면 한국에 수출하던 반도체 장비 대부분을 한국이 자체 개발에 들어가면서 일본의 반도체 장비 수출에 빨간 불이 켜졌다.

이 밖에도 한국 관광객이 급감하고 한일 항공편이 급격히 감소되었다. 비즈니스 인사이더Business Insider에 따르면[93] 한국으로의 맥주 수출이 전년 대비 99.9% 감소를 하고 반도체 청소에 사용되는 물질인 '불화수소'의 수출도 전년 대비 99.4% 감소하였으며 이 같은 현상은 자동차나 의류, 관광 등 전 분야에 걸쳐 불매운동이 전개되고 있다고 전했다.

---

[93] Alexandra Ma. [Beer exports from Japan to South Korea have fallen 99.9% as their bitter, personal trade war rages on]. Oct 30, 2019, 9:28 PM.

일본의 대 한국 수출이 타격을 입어 경제적 손실이 불가피 하
게 되었으며 중국으로의 수출도 중국의 경기가 어두워지면서 긍
정적인 기대를 할 수 없게 되었다. 일본은 근래 아시아 전체 시장
에서도 선전하지 못해 앞으로 무역에서 경제적 상승을 이어가기
가 매우 어려워졌다. 일본은 지속적으로 화폐를 과다 생산하다가
경제 폭탄을 피할 수 없게 될 것이다.

일본의 또 한 가지 큰 문제는 손정의 회장의 '소프트뱅크'에서
출자된 '비전펀드' 인데 블룸버그는 2019년 10월 기사[94]에서 위워
크_WeWork[95]의 인수로 소프트뱅크가 매우 위험해졌다고 보도했다.

포춘_Fortune 지의 폴리나 마리노마_Polina Marinova의 2019년 10월 기
사[96]에서 1,000억 달러 규모의 이 비전펀드는 매우 위험하므로
투자자들에게 자신의 한계를 알리라고 경고했다. 비전펀드가 투
자한 우버_Uber[97]와 위워크라는 두 회사가 심각한 문제를 안고 있
으며 비전펀드에 막대한 손실을 가져다 줄 것이라고 보고 있다.

[94] Daniel Lacalle. [Son, SoftBank Risk Too Much With WeWork Takeover].
Bloomberg. Oct 14, 2019, 2:46 GMT+9.
[95] 공유 사무실 서비스 회사.
[96] Polina Marinova. [SoftBank's Risk-Loving Masayoshi Son Now Tells Founders to
'Know Your Limit:' Term Sheet]. Fortune. Oct 7, 2019.
[97] 스마트폰을 기반으로 한 미국의 승차 공유 서비스이다.

우버의 주가는 상장한 수준보다 30%가 하락했고 위워크는 상장까지 연기되었다. 위워크의 기업가치는 2019년 초 470억 달러로 평가했는데 막상 상장을 앞두고 실시된 증권사들의 기업가치 평가에서 150억 달러에도 못 미칠 것이란 결과가 나왔다. 그리고 비전펀드가 투자한 또 다른 회사 쿠팡은 5년 간 누적적자가 3조에 달한다. 투자 회사들의 가치 하락과 누적 손실은 앞으로도 엄청난 자금이 필요하다.[98]

소프트뱅크는 2019년 현재 비전펀드 2를 기획하고 있으나 투자자들은 이미 겁을 먹고 투자금을 줄이고 있다. 만약 소프트뱅크가 투자한 회사들이 회복하지 못하고 지속적으로 자금이 들어갈 경우 천문학적 투자금이 손실될 수 있다. 그리고 이것이 경제 버블이 될 경우 일본에 미칠 영향은 매우 크다.

---

[98] 참조 기사: Alexander Sammon. [SoftBank's Blurry Vision]. The American Prospect. Oct 11, 2019.

<독일>

시앤비시_{CNBC} 2019년 10월 2일 기사[99]에서 '세계 경제의 불황 우려가 높아지면서 독일 경제 전망은 급락'이라는 제목으로 독일의 경제 전망을 어둡게 분석했다. 기사에 따르면 독일은 산업 전반이 침체에 직면하고 있으며 GDP 성장률은 0.8%에서 0.5%로 하향 조정되었다고 전하였다. 저조한 실적의 이유는 독일의 수출 의존도가 높은 경제에 타격을 준 자본재에 대한 수요 감소와 자동차 산업의 불확실성에 있다고 밝혔다. 또한 독일 경제 연구원 DIW Berlin의 클로스 미켈슨_{Claus Michelsen} 예측 경제 정책 책임자는 "독일은 침체에 빠져있으며 이는 2019년 말 현재 이 기업들에 제공하는 서비스 제공업체에도 영향을 미치고 있다."고 언급했다.

이 기사에서는 다양한 경제 연구소들이 국내 총생산 성장률 전망치를 올 초 1.8%에서 현재 1.1%로 낮추었다고 하였으며 독일의 제조업 PMI_{PMI-Purchase Manager index}[100]는 세계 금융 위기의 여파로 유럽 전역에 걸친 외부 수요 감소와 관련된 기업 투자 감소가 두드러져 최저 수준이 되었음을 알렸고 유로 지역에서 9월

---

[99] Elliot Smith. [German economic forecasts plunge as global industrial recession fears mount]. CNBC. Oct 2 20196:28 AM EDT.
[100] 구매 관리자 지수: 제조업 분야의 경기동향지수로써, 기업의 구매담당자를 대상으로 한 설문조사를 통해 경기를 판단하는 지표. 독일의 제조업PMI, 서비스PMI 모두 연중 최저치이다.

제조 PMI는 유럽 부채 위기 이후 처음으로 46.0 포인트 아래로 1.3 포인트 하락한 45.7 포인트를 기록하였으며 미국의 제조업 또한 활동이 10년 만에 최저 수준으로 감소했다는 것을 보여 주면서 점점 더 암울한 현실을 반영하고 있다.

그림 43. 금융의 시한폭탄 Design by Gong Goo

독일의 가장 큰 문제는 '도이체방크'의 파산 가능성이다. 독일에서 가장 큰 이 은행은 유럽과 세계에서도 가장 큰 은행 중 한 곳이다. 1조 달러가 넘는 자산을 보유한 독일 최대 은행 서비스 그룹인 도이치방크AG_{Deutsche Bank AG}는 2년 이상 국제 투자자, 경제학자 및 정책 입안자들에게 주요 관심사였다. 실제로 국제 통화 기금 IMF_International Monetary Fund_는 2016년에 은행을 글로벌 금융 시스템에서 '제도적 위험에 가장 큰 기여자'라고 불렀다. 같은 해 전 세계의 여러 금융 간행물도 도이체방크가 '다음 리먼 브라더스'가 될 것이라고 경고하기 시작했다. 2008년 금융위기가 은행으로부터 시작한 만큼 은행의 붕괴는 매우 중요한 문제이다.

2019년 7월 도이체방크는 감원 계획 중인 18,000개의 일자리에서 절반을 독일에서 감축하겠다고 구조조정 계획을 발표했다. 미디움_Medium_[101]에 따르면 세계에서 가장 큰 이 은행은 18,000명 이상의 직원, 즉 전 세계 인력의 5분의 1을 해고하는 주요 구조조정 계획안을 발표했다. 또한 도이체방크는 글로벌 주식을 폐쇄하고 채권 및 이자율 거래 사업을 축소 할 것이라고 전했는데 이와 함께 883억 달러의 자산매각도 함께 진행된다고 밝혔다.

도이체방크는 1990년대 말부터 영국의 모건 그렌펠, 미국의 뱅커스 트러스트를 연이어 인수하였는데 이 무리한 확장은 도이체방크에 매우 큰 부담을 주었다. 여기에 은 시세 조작 혐의로 3,800만 달러의 합의금을 물고, 러시아 돈세탁 의혹 및 리보금리

---

[101] Meziechi Nwogu. [Deutsche Bank — The Next Lehman Brothers?]. Medium. Jul 16, 2019.

(런던의 은행 간 금리, 보통 국제 단기 기준금리로 쓰인다) 조작 등으로 미국과 영국의 규제 당국으로부터 막대한 과징금을 부과 받은 것이 재정적 부담으로 작용했다. −

　미디움의 같은 기사에서 리먼 브라더스가 2008년 파산했을 때 세계적인 금융 불황을 촉발시켰는데 도이체방크는 리먼브라더스 보다 더 큰 규모로 리먼이 파산 직전 7,000억 달러의 자산을 보유했다면 도이체방크는 1조 3천억 달러 이상을 보유하고 있어 2배나 된다. 2008년 리먼처럼 도이체방크의 또 다른 주요 문제는 거대한 파생 상품 계약을 맺고 있는데 그 규모는 45조 달러 이상이라고 전했으며 도이체방크가 붕괴될 경우 2008년의 리먼 브라더스 보다 훨씬 큰 규모가 될 것이라고 보도했다.

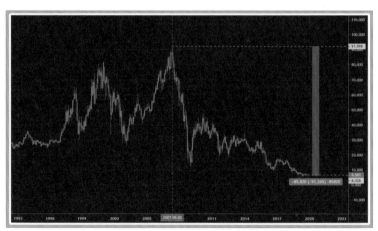

그림 44. 도이체방크의 주가 폭락

도이체방크의 주가는 2007년 리먼 브라더스 사태 이후 2019년 현재까지 93% 하락을 하며 6.5 유로에 머물러 있다. 차트를 보면 상장 폐지의 위험이 있어(사실상 회생 가능성은 없어 보인다) 도이체방크의 주가는 지속적인 모니터링이 필요하다.

앞으로 추가로 구조조정에 투입되는 비용과 불어나는 실적 악화 등의 지속적인 손실이 발생하는 것을 감안하면 거대한 시한폭탄이 유럽 한 복판을 굴러다니는 느낌이다. 도이체방크는 2019년 2분기에 31억 유로의 손실을 가져왔는데 이것은 구조조정 비용이 추가된 손실이다. 구조조정은 2022년까지 총 74억 유로가 들어갈 것이라고 유러피안 시이오_{European ceo}는 전했다.

많은 언론과 경제 전문가들은 도이체방크가 회생 가능성이 없다고 판단하면서도 제2의 리먼 브라더스가 되지 않길 기원하고 있다.

미국의 경제 상황에 이어 중국, 일본, 독일의 현 경제 상황에 대해서도 중요한 현안들을 살펴보았다. 미국 못지않게 주변 선진국들의 상황 또한 상승 가능한 동력이 없어 보인다. 미국과 유럽, 중국 전역에서 먹구름이 몰려오고 있으며 이것이 이번 장의 도입 부분에 언급했던 그랜드 슈퍼사이클과 무관하지 않다고 보고 있다. 몇 년 동안 선진국들은 지속적으로 부채가 늘어나고 경기는 침체되어가지만 위기 때마다 매번 돈을 찍어서 경제를 지탱하고 있다. 화폐를 신문처럼 계속 찍어낸다는 것은 잠재적 화폐 가치 하락을 유발하며 언젠가는 버블이 터지는 결과를 낳게 된다.

지금 경제는 다음 세대를 이끌어갈 동력이 부족하다. 지금까지 미국 달러의 몰락을 설명하기 위해 수많은 설명과 분석을 했다. 2000년 닷컴 버블 붕괴와 2008년 금융위기를 맞으며 경제는 휘청거리기 시작했는데 미국은 이 두 번의 카운터 펀치를 맞고 난 후 복구가 되기는커녕 더 큰 위기로 다가오고 있는 모습을 볼 수 있다.

세계 경제의 현 주소는 금융위기를 극복하고 새로운 도약을 준비하는 움츠림이 아니라 금융위기 당시 가해졌던 엄청난 충격을 아직 해소하지 못하고 휘청거리는 형국이다. 아마도 어떤 문제가 터져 다시 한 번 카운터 펀치를 맞는다면 그대로 주저 앉을 것이다. 엘리엇 파동의 슈퍼사이클과 그랜드 슈퍼 사이클의 암흑기가 겹쳐져 있는 현 상황에서 미국과 유럽, 아시아의 주요 국가들이 전체적으로 암울한 모습을 보이는 것은 우연이 아닐 수 있다.

1929년 미국은 대공황을 맞았지만 90년 가까이 주가의 상승을 이끌어왔다. 당시 미국의 상황은 어려웠지만 1세기를 움직일 동력이 있었다. 그 동력의 핵심은 인구 증가와 제조업, 수출이었다. 거기에 따라 건설과 인프라가 함께 성장했고 3차 산업혁명

그림 45. 경기 침체

시기까지 연장되었다. 이것은 앞서 언급한 것처럼 1차 산업혁명에서 3차 산업혁명까지는 일자리가 늘어나는 혁명이기에 가능했던 성장이었다. 그러나 앞으로는 4차 산업혁명이 가속화될수록 다음 세대를 끌고 나아갈 동력이 현저하게 줄어든다. 1929년 미국의 대공황과 2019년 현재를 비교하자면, 현재 상황은 앞으로 100년을 이끌어갈 수 있는 동력이 없다는 것이다. 그 동력은 계속 강조하던 일자리와 인구가 기본이 된다. 일자리 감소와 인구 감소는 급속도로 빨라질 것이다.

> 미래는, 기술은 발전하지만 인간은 가난한 시대가
> 올 가능성이 있다. 4차 산업혁명 이후로 세계는
> 빈부 격차가 더욱 커질 가능성이 높다.

2020년 중반부터 대전환의 시작이 올 수도 있다

1장에서 5장까지를 꼼꼼히 정독하였다면 심상치 않은 흐름이 흘러가고 있다고 느낄 것이다. 대전환기에 미국은 장기적으로 침체를 겪은 후 경제가 몰락할 가능성이 크다. 제2의 금융위기가 터진다면 전 세계가 심각한 타격을 받을 것인데 이 상황이 온다면 경제를 다시 복구하고 경기를 끌어올리는 시간은 몇 년 정도 가지고는 턱 없이 부족할 것이다. 2020년부터 2030년까지는 상당히 큰 기간의 변화가 올 수 있다. 뻔한 내용이지만 기업 부도 상황과 대량 실직, 부동산과 주식의 폭락이 장기화 될 전망이고 지금까지 경험해 보지 못한 많은 사태가 벌어질 가능성이 크다.

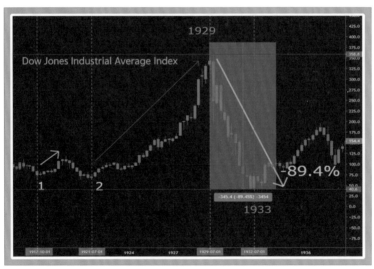

그림 46. 다우존스 1929-1933년의 대공황 차트

앞서 몇 차례 1929년의 다우존스 차트가 2019년 현재의 차트와 흡사하다고 했던 그림이다. 그래서 1929년 당시의 상황을 복기하면서 미래에 올 수 있는 가능성을 짚어 보기로 한다.

다시 한 번 1929년의 차트를 자세히 들여다 보면 1929년에서 1933년까지 무려 4년이란 기간 동안 폭락했다. 그리고 증시는 마이너스 89%를 기록했다. 가까운 시기에 있었던 경제 폭락으로는 2000년 닷컴 버블과 2008년 금융위기가 있는데 모두 1, 2년 만에 가격은 바로 반등했다.

그러나 1929년부터 1933년까지의 장기 폭락은 이 두 붕괴에 비하면 두 배 이상 시간이 길다. 당시 자동차 판매는 1929년 445만 대에서 1932년에 110만대로 떨어지고 투자는 70억 달러에서 20억 달러로 감소하고 10만 개의 기업이 파산했다. 사람들은 취업을 위해 길거리로 나오게 되었다. 미국 역사상 가장 깊은 폭락을 했으며 다우존스 지수는 358에서 40으로 내려갔다. 이것은 전체 산술 평균이므로 대부분의 기업 주식들이 실제로는 거의 휴지가되었다고 봐야 한다. 독일의 경우 44%가 실업자였다.

이 대공황에서 어떤 사람들은 큰 부자에서 거지가 되었을 것이고 어떤 사람들은 반대로 가난했다가 부자가 되었을 것이다.

훗날 증권시장의 고객이었던 어느 미국인의 인터뷰[102]에서 그 당시 상황이 잘 나타난다. 조지 머헤일즈George Mehales는 1929년의 주식시장 대폭락에서 그의 모든 것을 날리고 무일푼이 되었다. 1929년 10월의 첫 날에는 부자라고 생각했는데 레스토랑을 포함해 그의 모든 것을 잃었다고 고통스러워했다. 당시 주식의 투기 광풍이 불었고 많은 사람들이 현금을 끌어다 주식에 넣었지만 곧 무너지고 버블은 붕괴되었다.

그러나 한 편으로 호텔왕 배런 힐튼Barron Hilton처럼 1929년의 위기에 호텔 주식을 헐값에 쓸어 담은 성공한 부자의 경우도 있다. 이처럼 위기를 기회로 삼아 성공한 부자들은 많다. 그러나 앞으로 대공황이 다시 한 번 닥친다면 이러한 공식이 깨질 수도 있다고 본다. 지금까지는 경제 위기 때마다 그 어려움이 지나면 주식과 부동산은 지속적으로 가격이 상승했기 때문에 많은 사람들은 오히려 경제 위기가 닥치는 것을 기다리고 있을지도 모른다. 그 이유는 여러 차례의 위기를 겪은 이후로 주식과 부동산은 아무리 떨어져도 **'무조건, 사면 오른다'**는 신념의 학습 효과가 있기 때문이다.

---

[102] Interview with George Mehales by R.V. Williams. [Interview of George Mehales about the Stock Market Crash of 1929, December 1938]. Courtesy of Library of Congress. Dec, 1938.

그림 47. Crisis Design by Gong Goo

하지만 앞으로 경제 공황이 온다면 상황이 완전히 반대로 달라질 수 있다. 그 이유는 상당히 오랜 성장기에 맞먹는 '암흑기'가 올 수 있기 때문이다. 지속적인 상승 이후에 지속적인 하락이 올 수 있는데 그 중간에 반드시 주의해야 할 점은 한 번씩 상승인 척 하며 반등하는 함정인데 이것을 전문 용어로 데드캣 바운스 Dead Cat Bounce[103]라고 한다. 이는 "죽은 고양이도 높은 곳에서 떨어지면 잠깐 튀어 오른다"는 뜻이다. 이번 미국의 상승기가 90년(슈퍼사이클) 가까이 되는 만큼 하락기도 매우 크고 길 수 있다.

---

[103] James Chen. [Dead Cat Bounce Definition]. investopedia.com. Apr 13, 2019.

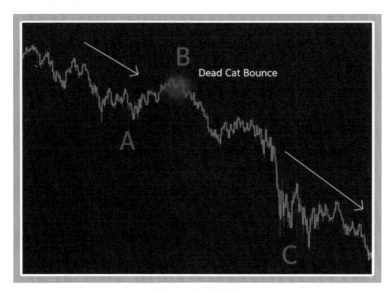

그림 48. 데드캣 바운스

대다수의 개미 투자자들은 주식의 최고점에 희열을 느끼며 진입하거나 A와 같은 가짜 바닥에서 진입한다. '이제 하락이 끝났구나' 하는 안도감에 진입한다. 하락기에 늘 귀신처럼 나타나는 이 '데드캣 바운스'는 끝없는 하락으로 투자자를 인도한다. 상승기를 크게 접할수록 데드캣 바운스도 효과적으로 나타나고 하락의 골도 깊어진다. 고점에서 탈출하지 못한 대형 투자자들은 보통 이 때(B) 탈출한다. 그러나 1929년의 대공황 당시에도 대부분의 일반 투자자들은 끝없는 폭락에 갇혀 헤어나지 못했다.

일반인이나 기업에게 가장 큰 문제가 될 수 있는 것은 역시 부채이다. 주식과 부동산의 하락 시기에 부채를 안고 매수한 재산은 큰 골치가 될 수 있다. 영리한 기업은 이미 부동산을 정리하고 투자처에서 발을 뺐다. 현금 확보를 많이 하고 부동산을 몇 년에 걸쳐 팔아 치운 기업들이 있다.

누구나 다 아는 투자의 귀재 위렌 버핏도 역대 최고로 현금을 보유하는 중이다. CNN에 따르면 위렌 버핏의 미국 버크셔 해서웨이가 9월말 현재 현금을 1,282억 달러(150조 원) 보유중이라고 2019년 11월 2일 보도했다. 투자할 곳이 없어 현금화한다는 위렌 버핏의 말은 '수익 실현 후 빠졌다.' 라고 보면 된다. 한국의 대기업 삼성, LG 등도 몇 년 동안 한국에서 부동산을 대거 매각해 왔다. 경제 악화로 인한 유동성 확보가 원인이다.

> 2020년 중반부터는 100년 내 가장 큰 경제 위기가 닥칠 수 있으며 2020년부터는 위험을 준비해야 한다. 앞으로 경제 공황이 온다면 위험 자산인 주식과 부동산 보다 가장 중요한 안전 자산인 금과 은 그리고 암호화폐를 일정 부분 포트폴리오에 담는 것이 합리적이다.

암호화폐의 출현과 리플 혁명

4차 산업혁명과 암호화폐

4차 산업혁명 시기에는 전 세계가 하나의 단일 네트워크 생태계를 갖추게 된다. 2019년 현재도 인터넷 접속망으로 인해 세계는 하나의 지역처럼 생활하고 있으나 국가마다 다른 기업 환경, 다른 화폐, 다른 언어, 다른 법 제도, 다른 결제 시스템 등에서 완전히 하나의 세계라고 느끼지는 못한다.

그러나 앞으로의 세상은 많은 부분 국경이 없다고 느낄 정도로 국가의 개념이 사라지고 전 세계의 여러 분야가 국가 간 장벽이 사라질 것이라 예상된다. 여기에 필요한 기본 조건이자 필수 조건은 전 세계 인구가 함께 할 수 있는 결제 시스템이 단일화된 **'공유화폐'**이다. 4차 산업혁명의 기술과 미래의 경제 영역이 결합하여 새로운 소비형태와 결제 시스템을 만들어내는데 여기에 큰 역할을 하는 것이 암호화폐이다. 그러므로 암호화폐는 국경 없이 전 인류가 공유하는 공유화폐로 진화하는 미래 화폐인 것이다. 비트코인이 화폐가 될 수 있다, 없다 논란도 많지만 이 화폐는 시대적 필요성에 의해 출현했기에 필수불가결한 존재임이 확실하다. 또한 앞으로는 인터넷 세상이 아니라 블록체인 세상에서 살게 되는데 이 '블록체인' 기술도 암호화폐(비트코인)에서 출현했기에 더욱 차세대 화폐로서의 가능성을 높이고 있다.

4차 산업혁명 시대에서 국경 간의 많은 장벽들을 제거할 수 있는 기본적인 기술은 암호화폐의 기술이라고 판단된다. 국경을 없애고 세상을 하나로 묶을 수 있는 암호화폐의 기술은 1장부터 언급한 '블록체인 기술'과 '이더리움의 ICO'[104] 그리고 암호화폐의 '확장성'이다. 1장부터 지속적으로 강조한 내용이지만 암호화폐 분야는 모두 **목적성**이 존재한다.

이 장에서는 암호화폐의 목적성과 확장성 그리고 4차 산업혁명에서의 '필수불가결한' 화폐로써의 내용을 다루고자 한다.

---

[104] 주식의 IPO(기업공개 (IPO, Initial public offering)는 기업 설립 후 처음으로 외부투자자에게 주식을 공개하고, 이를 매도하는 업무를 의미)와 비슷한 개념으로 암호화폐의 ICO는 각국 정부의 규제를 받지 않는다. ICO는 주식의 IPO와 흡사하며 크라우드 펀딩으로 이루어진다.
Benjamin Sherry. [What Is an ICO?]. investopedia.com. Jun 25, 2019.

우선 암호화폐의 깊이 있는 분석을 하기 전에 수많은 종류의 코인들을 간단히 분류해보고자 한다. 저자의 관점에서 암호화폐의 메이저 코인들을 크게 분류해 보면,

　금을 모델로 한 '비트코인', 주식 상장을 모델로 만들어진 '이더리움', 달러를 모델로 만든 '리플' 등이 있다.

　'블록체인' 기술이 비트코인에서 탄생한 만큼 비트코인은 상징적으로 **'코인의 아버지'**이고, 대부분의 코인들이 이더리움의 ICO로 탄생했기 때문에 이더리움을 **'코인의 어머니'**라고 불러도 좋을 만 하다.

　기능적 분류를 하자면 **비트코인**은 암호화폐의 '가치 저장형' 화폐, **이더리움**의 '파생 플랫폼형' 화폐, **리플**의 '통화 유동성형' 화폐, **코스모스 아톰**의 '가치 교환형' 화폐, **스테이블 코인**의 '통화 연동형' 화폐, **귀금속이나 원자재에 연동**된 '가치 연동형' 화폐 그리고 **행위나 데이터에 대한 보상**을 지급하는 '가치 보상형' 화폐 등 일곱 종류로 나눌 수 있다. (그 외에도 대출이나 보험 등 다양한 분야가 있으나 큰 울타리는 여기까지.) 처음 접하면 매우 낯설게 느껴지겠지만 설명을 들어보면 매우 쉬운 어휘들이다. 그리고 이후 문장들 또한 일반인들을 위해 최대한 쉬운 말로 풀어 쓰고자 한다.

기능적 분류의 일곱 가지 암호화폐의 종류를 상세히 설명하자면, 첫째 **비트코인**Bitcoin[105]은 금을 모델로 하고 있다. 채굴하는 방식이나 수량이 한정된 모습 등은 금과 매우 유사하다.

둘째로 **이더리움**Ethereum[106]은 둘째로 탄생한 암호화폐인데 기업이 상장하는 모습이 앞서 언급한 주식의 IPO 모습과 유사하며 이더리움의 ICO는 기업이 새로운 프로젝트를 기획하여 자금을 모집하는 행위다. 자금을 모집하고 토큰을 발행(크라우드 펀딩과 유사)하는 이 과정은 국가나 중앙은행의 간섭을 받지 않는 행위로 각 국가에서 매우 신경을 곤두세우는 대목이다. 이더리움의 이 같은 탈 국가적 움직임은 4차 산업혁명으로 가는 하나의 수순이다.

4차 산업혁명은 탈 국가적이고 전 세계의 경제권이 단일화 되는 과정이 큰 특징 중의 하나다. (참고로 ICO와 유사하지만 해당 국가의 증권 거래법에 따라 자금을 조달하는 것을 **STO**[017]라고 한다. STO는 투자자에게 수익을 증권처럼 배분한다. 따라서 STO는 탈 국가적 기업 공개는 아니다.) 이처럼 암호화폐의 시스템과 구조는 4차 산업혁명과 맞물려 있다.

---

[105] Jake Frankenfield. [What is Bitcoin?]. investopedia.com. Oct 26, 2019.
[106] [What is Ethereum?]. ethereum.org. Nov 29, 2019.
[107] Chrisjan Pauw. [What Is an STO, Explained]. cointelegraph.com. Feb 21, 2019.

그림 49. Ethereum Photo by Gong Goo

셋째 리플은 이미 스위프트를 대체할 목표를 가지고 탄생했기 때문에 나아가 IMF의 자금 지원이나 통화 준비금_{Reserve currency}¹⁰⁸ 으로 활용될 가능성이 매우 크다. 스위프트와 IMF, 통화 준비금 은 매우 밀접한 관련이 있다. 이 점은 뒤에서 다시 크게 다룰 것 이다.

넷째 **코스모스 아톰**_{Cosmos Atom}은 가치 교환형 코인이다. 이 코인 은 지금은 출시 된 지 얼마 되지 않아 큰 가치를 느끼지 못하겠

₁₀₈ James Chen. [Reserve Currency]. investopedia.com. Feb 7, 2018.

지만 메이저 코인으로 발전할 가능성이 매우 크다. 아톰의 역할은 코인 간의 '**교환**'인데 현재 어떤 특정 증권이나 코인을 다른 종목으로 교환하려면 무조건 거래소를 이용하여 그 종목을 팔아서 그 현금으로 다시 매수하는 방법이 유일하다. 그러면 수수료가 2중으로 들고 시간 차에 따른 가격 변화가 생긴다는 문제가 있다. 그러나 암호화폐 내에서 이 번거로움을 없애줄 코인이 나타났다. 그것이 바로 코스모스 아톰이다. 교환의 가치는 매우 크다.

다섯째 **스테이블 코인**Stable Coin은 달러와 가격 연동이 1대 1로 되어 있는 코인이다. **테더**Tether, **트루USD**True USD 등이 있다. (암호화폐 담보형이나 무담보형도 있으나 생략.)

여섯째 **귀금속이나 원자재**에 연동된 '가치 연동형'은 언제든 연동된 가격만큼 귀금속 또는 원자재로 교환 가능한 코인이다. 원자재 채권 형태와 연동된 경우가 많다. 다단계나 사기성 있는 종목이 많으니 투자에 유의해야 한다.

일곱째 **가치 보상형**은 지불 개념에서 보상 개념으로 넘어가는 코인들이 많아졌다는 것이다. 요즘 모든 정보가 모이고 있는 동영상 플랫폼 '유튜브'도 보상 차원의 사이트다. 대표적으로 스팀 코인이 있다. 스팀 코인은 SNS에서 활동한 만큼의 보상을 코인으로 받을 수 있다.

화폐의 정의, 암호화폐는 진정한 화폐인가?

혹자는 암호화폐의 존재에 대해 진정한(제도권 적) 화폐가 될 수 없다고 하며 과거의 화폐 정의에 대해 논하는 것을 보고 실소를 금치 못했다. 화폐의 기능적 요소는 일반적으로 크게 '교환 매매Medium of exchange'의 기능, '가치 척도Measure of value'의 기능, '가치 저장Store of value'의 기능 정도인데[019] 암호화폐의 화폐 기준은 여기에 다른 많은 조건을 제외 하고서라도 시간성과 공간성, 비 물질성, 증권성, 확장성 등이 추가 되었다.

시간성에서, 우리는 이미 1장에서 리플의 송금 속도가 얼마나 빠른 지 알고 있다. 빠른 속도는 환율의 변동 등 시간에서 일어나는 많은 변동 요소와 시간을 줄임으로 생겨나는 작업 간소화 등으로 다수의 긍정적인 변화가 일어날 수 있다.

공간적인 특징으로는 아무리 먼 곳이라도 실시간으로 실제 화폐가 움직이는 특징(현재의 법정화폐는 실물 화폐가 움직이지 않는다)이 있고 동전과 지폐 등의 물질을 지니고 다닐 필요가 없기 때문에 화폐를 보관함에 있어 암호화폐는 실제 공간을 차지하지 않는 특이한 공간적 특징이 있다. 이 때문에 화폐에 들어가는

---

[109] Jeff Desjardins. [Infographic: The Properties of Money]. Visual Capitalist. July 18, 2017.

많은 제작 비용과 유통 비용, 관리 비용 등이 사라진다.

비물질성 면에서 암호화폐는 데이터로 만들어졌기 때문에 형태가 없다. 4차 산업혁명 이후의 소비 형태는 데이터와 중요한 연결 선상에 있게 된다. 사물인터넷IOT, Internet of Things[110]상의 데이터 거래 그리고 5G 기술의 확장성으로 인하여 암호화폐의 비 물질성이 크게 대두될 수 있다.

또한 화폐의 증권성은 화폐가 곧 증권이라는 뜻이다. 이더리움의 ICO를 통해 투자를 하게 되면 화폐뿐만 아니라 기업의 지분을 얻을 수도 있다는 사실은 앞서 언급한 바 있는데 암호화폐는 증권의 가치로 존재하는 종목들이 많다. 국가의 디지털 화폐도 나오겠지만 대부분 스테이블 코인이 될 것이고 앞으로는 국가가 아닌 **기업이 화폐를 발행하는 시대가 열리겠다.** 요즘은 이오스 등 몇 종류의 ICO 상장 가능 암호화폐가 늘어난 상황이다. (기업 공개 플랫폼의 화폐 발행)

마지막으로 암호화폐는 처음 주어졌던 기능과 가치에서 확장되어 나가는 특수성을 가지고 있다. 이더리움의 ICO를 통해

---

[110] 사물 인터넷: 각종 사물에 센서와 통신 기능이 내장되어 인터넷에 연결되는 기술

수많은 암호화폐가 탄생을 한 이후 새로운 가치와 기술적 영역을 가진 암호화폐들이 쏟아져 나오고 있다. 암호화폐가 처음에 지니고 있던 기능과 목적성, 시스템 등이 지속적으로 확장과 연합을 하고 '에어 드롭Air Drop,(새로운 코인을 보유한 종목의 수량에 따라 무료로 지급)', '하드 포크Hard Fork,(규칙을 근본적으로 바꾸는 업데이트)' 등을 통해 진화해 나가고 있다. 암호화폐가 여러 분야로 확장성이 커지면 미래에는 상상을 초월한 다양한 사례들이 나타날 것으로 보인다.

> 이처럼 화폐를 정의하는데 있어 과거의 잣대를 가지고 미래의 존재를 측정하는 것은 스스로가 원시인이 되는 길이다. 시대에 따라 화폐의 정의도 바뀌었다.

개인의 활동이 화폐가 되는 세상

4차 산업혁명에서 매우 중요한 기술인 '빅 데이터'는 많은 양의 데이터를 분석하여 미래를 예측하는 기술이다. 이렇게 많은 양의 데이터 중 인간의 활동으로 이루어지는 데이터가 존재한다. SNS 활동, 웹 서핑, 게임, 쇼핑, 교육 등을 통해 모든 정보는 빅데이터의 세계로 들어간다. 그리고 빅데이터에서 얻어진 정보를 통해 정치 성향, 소비 패턴, 교육 패턴, 선호도 등이 통계적으로 얻어지고 이런 정보는 인공지능의 딥러닝(심층 학습)에 사용되기도 하는데 미래를 예측하여 준비를 하고 시스템을 수정하기도 한다. 그래서 점점 인간의 활동으로 만들어진 데이터는 중요한 자원이 된다. 그래서 산책을 하고 독서를 하고 점심을 먹고 SNS를 하는 모든 개인의 행위들이 중요한 기초 자산이 된다는 뜻이다. 암호화폐가 4차 산업혁명 시대의 화폐라고 하는 이유 중 하나는 이러한 요소들이 존재하기 때문이다. 개인의 모든 행동 과정으로 인해 생산된 데이터들이 곧 '**화폐화**' 된다는 것이다.

개인이 SNS에서 '좋아요'를 누르고, 글을 업로드 하고, 사이트를 이용하고, 운동을 하고, 어플을 사용한 만큼 나에게 보상이 주어지는 것이 바로 '**가치 보상형**' 코인이다. 물론 데이터를 얻기 위해서 보상을 주는 경우도 있지만 해당 사이트와 어플을 더 많이 사용할 수 있도록 하기 위해 보상을 주는 경우도 있다. 양자 모두 보상을 한다는 공통점이 있다. 결론적으로 4차 산업혁명의 인간 활동은 보상이 주어질 수 있으며 데이터는 화폐의 가치를 지닐 수 있다.

2019년 현재 가장 활발하게 보상을 진행하는 암호화폐는 '스팀' 이다. 스팀은 'steemit.com'에서 게시물을 작성하고 좋아요나 투표를 실행하면 보상으로 스팀 코인을 받게 된다. 이 코인은 인간

그림 50. 인간의 데이터 활동

활동이 곧 채굴이 되는 셈이다. 비트코인처럼 채굴에 많은 비용이 발생하거나 시간이 필요하지 않고 사람들이 즐기면서 컨텐츠를 만드는 생산적인 시간을 보내며 채굴하는 것이다.

또 다른 예로는, 삼성 갤럭시 S10에 블록체인 지갑이 탑재되었고 이 안에 림포Lympo라는 앱이 있는데 걷는 만큼 림LYM코인으로 보상을 받을 수 있으며 퍼블리토PUBLYTO 코인은 SNS활동으로 블로거와 크리에이터(컨텐츠 제작자)에게 보상을 한다. 이 외에도 이자를 지급하거나 보유만 해도 보유량에 따라 재단의 재량으로 보상을 받게 되는 등의 많은 보상형 암호화폐가 존재한다.

> 인간 활동의 가장 작은 단위인 개인의 데이터조차 재산이 되는 4차 산업혁명 시대에 적합한 화폐가 반드시 필요하고 블록체인 세상에서 암호화폐는 반드시 필요하다.

달러를 위협하는 리플의 혁명과 힘의 이동

2019년 IMF의 스프링 미팅[111]에서 크리스찬 라가르드_{Christine}
Lagarde 총재는 "중앙은행들이 앞으로 기존 화폐냐 아니냐라는 중
요한 결단을 내려야 한다"고 디지털 화폐에 대한 언급을 했다.
IMF는 이 밖에도 리플에 대해 상당히 많은 관련성을 내비쳤는
데 이 회의에서는 미래의 화폐와 지불 시스템에 대한 논의가 있
었다. 핵심 내용은 새로운 시스템(새로운 화폐)에 대한 '신뢰'를
얻는 것이고 소비자에게 신뢰를 얻는 것에 대한 상당한 논쟁이
있었는데 토론의 패널 중 서클_{Circle} 암호화폐 거래소의 제레미 알
레어_{Jeremy Allaire} 대표는 "암호 통화와 블록체인은 본질적으로 인
간의 오류 또는 부패로부터 면역이 되어 있기 때문에 신뢰할 수
있다"고 주장했다. "지불은 시작에 불과하다. 블록체인과 같은 기
술의 약속은 디지털 결제에서의 지불에 대한 적용을 훨씬 뛰어
넘는다."는 토론 내용과 함께 알레어는 "암호화폐가 근본적으로
사회를 재구성할 잠재력을 가지고 있다"고 주장했다.

그리고 이 토론에서 'SDR'에 대한 발언이 나온다. 이 대목은 매
우 중요한 사건이다. SDR은 IMF의 '국제 준비자산'을 뜻하는데
알레어는 SDR의 디지털 버전(페이스북의 리브라 코인을 강조)이

---

[111] IMF Seminar Event. [Money and Payments in the Digital Age. (Video)]. Spring
Meetings 2019. April 10, 2019.

기술적인 관점에서 12~24개월 만에 출시 될 수 있다고 말했다. 'SDR'은 IMF의 준비통화이다.

IMF에서 이런 토론을 한다는 것은 글로벌 금융 카르텔cartel [112] 이 미래를 위해 암호화폐를 준비하고 있다는 것을 시사한다. 우리는 IMF의 토론이나 발표에 대해 큰 관심과 주의를 기울여야 하는데 그것은 글로벌 '기득권 세력'이 암호화폐를 움직이고 있기 때문이다. IMF 토론 내용의 핵심은 IMF가 암호화폐를 소개하고 긍정적인 가능성을 드러내고 있다는 것이다.

우리는 다시 과거로 거슬러 올라가서 IMF의 탄생 배경을 살펴볼 필요가 있다. 이미 3장에서 브레튼 우즈 체제가 시작되면서 IMF와 세계은행이 함께 탄생했던 것을 볼 수 있었다. IMF의 탄생 배경과 IMF의 기능이 외환과 매우 밀접한 관련이 있다는 점은 세계은행 또한 외환과 상당히 밀접한 국제 기구라는 것을 짐작할 수 있다. 그래서 **'스위프트 - IMF - 준비통화**Reserve Currency [113] **- 세계은행**World Bank **'이 한 세트로 구성되어 있어서 새로운 변화가 온다면 4개의 기구가 동시에 변화될 가능성이 매우 높다.**

---

[112] 그것이 유대인 금융세력의 힘인지 미국 내의 어떤 기류인지 단정할 수는 없음. 그러나 외환과 금융에서 유대인의 힘을 배제할 수는 없다. 카르텔: 독점 세력.
[113] 국제 간 결제와 외환의 위험을 줄이기 위해 각 국의 중앙은행이 준비하는 기축통화. James Chen. [Reserve Currency]. investopedia.com. Feb 7, 2018.

그림 51. 스위프트-IMF-준비통화-세계은행 Design by Gong Goo

그리고 IMF의 이 토론에서 통화에 대한 '신뢰'가 많이 언급되는데 이것은 달러에 대한 신용도 하락 때문이라 생각한다. 토론에서 알레어가 언급한 "암호 통화와 블록체인은 본질적으로 인간의 오류 또는 부패로부터 면역이 되어"라는 그의 말에서 달러는 인간의 오류와 부패로 얼룩진 화폐라는 반어적 뜻풀이로 해석된다.

결론적으로 달러에 대한 신용에 문제가 생겨서 다른 대안을 찾는데 암호화폐가 가장 적합하다는 토론이다. 이 결론은 암호화폐 중 어떤 종목은 스위프트를 대체하는 것을 넘어서 IMF의 특별인출권$_{SDR}$과 준비통화에까지 편입될 수 있음을 시사한다. 만약 이렇게 된다면 이 사건은 외환 시장뿐만이 아니라 전 세계 인류에게 큰 영향을 줄 수 있는 역사적 순간이 될 것이다.

2019년 7월 IMF의 보고서 '떠오르는 디지털 머니The Rise of Digital Money'[114]에서 IMF의 통화자본시장국장 토바이어스 아드리안Tobias Adrian과 부국장 토마소 만치니 그리폴리Tommaso Mancini-Griffoli는 "디지털 형태의 돈은 소비자의 지갑뿐만 아니라 정책 입안자들의 마음에도 점점 그 중요성이 커지고 있다."고 언급했다. 제목에서 직감할 수 있듯이 이 논문은 기존 화폐와 다른 디지털 화폐를 다루고 있고 본문의 도입부에 등장한 디지털 화폐의 일반적 유통 현상은 이제 일상적이라는 분석을 하고 있다. 이 문서에서 몇 가지의 화폐를 나열하면서 암호화폐의 존재를 설명한다. "또 다른 객체 기반 지불 수단은 암호 화폐이다. 그것은 자신의 계정 단위로 표시되고, 비 은행에 의해 생성(또는 '채굴')되며 일반적으로 블록 체인에서 발행된다."고 하는데 본문에서의 핵심은 안정성에 대해 기존화폐와 비교하는 것과 전자화폐의 가능성을 분석하는 것이다. 본문에서 전자화폐의 미래를 매우 신중하고 긍정적으로 다루었다.

다음은 IMF의 자매 기관 세계은행과 관계된 한 보고서를 보고자 한다. 그림 52를 보면 중앙 상단에 세계은행의 로고가 있다. 세계은행이 주관한 이 보고서의 내용은 바로 디지털 신용화폐에 대한 내용이다.

---

[114] Tobias Adrian & Tommaso Mancini-Griffoli. [The Rise of Digital Money]. IMF. July 2019.

그림 52. 세계은행과 XRP

그림 52의 숫자 1은 세계은행의 로고다. 저작권으로 인해 흐리게 처리했다. 이 보고서[115]는 2016년에 발행되었다. 이 보고서의 내용은 디지털 중앙 화폐(신용화폐)에 대한 내용인데 두 번째 페이지를 보면 디지털 중앙화폐(신용화폐)에 대한 분류와 설명이 나온다. 오른쪽 큰 분류는 디지털 중앙 화폐가 아니기 때문에 '빨간 엑스' 표시가 되어 있다. 왼쪽 분류는 디지털 중앙 화폐의 설명이다.

---

[116] Kuala Lumpur. [Digital Fiat Currency (DFC)—and its impact on Financial Inclusion]. Global Symposium on Innovative Financial Inclusion. Sep 21, 2016. P.2.

이 페이지에서 비트코인Bitcoin은 단순히 '암호화폐Cryptocurrency' 라고 쓰여 있는데 숫자 2번에 리플Ripple XRP은 **'초 글로벌 화폐**supra National currency'라고 명시되어 있다. 이것은 세계은행이 리플을 어떻게 바라보는지가 나타난다. 리플의 특징은 글로벌을 넘어선다는 것이다. 이것보다 더 큰 의미는 없을 것이다.

그림 53. 초 글로벌 화폐- 리플 Design by Gong Goo.

2019년 10월 오라클타임스oracletimes에 따르면[116] 스위프트의 은행장인 해리 뉴먼Harry Newman은 실시간 결제instant payments와 국경간Cross-Border 결제 수요가 증가하고 있다면서, 리플Ripple, XRP, 스텔라루멘Stellar, XLM, IBM과 페이스북의 스테이블코인 리브라Libra를 스위프트의 경쟁자로 꼽았다. 암호화폐에게 스위프트가 위협당하고 있다는 것을 다각적으로 밝히고 있는 것이다.

---

[116] Andreas Townsend. [SWIFT Is Challenging Ripple, Libra And More Rivals]. oracletimes.com. Oct, 2019

하지만 2019년 7월 인스타페이Insta Pay에 따르면 이미 스위프트에는 혁명적인 사건이 발생했는데 **"스위프트는 리플의 블록체인 지불 시스템을 사용하여 국경간 실시간 이체에 성공했다."**[117]고 밝혔다.

이 내용은 바로 본문의 핵심 중 하나이다. 이미 스위프트가 리플의 시스템을 이용하여 송금을 실시했다는 것은 매우 고무적인 사실이다. 이것이 바로 리플이 외환 시장으로 나가는 첫 걸음이 될 것이고 IMF-준비통화-세계 은행으로 연결되는 시작점인 것이다.

대전환기 경제의 핵심은 금융이 아니라 외환이다. 이 뜻은 작은 단위의 돈의 흐름이 아니라 글로벌 단위의 돈 흐름이 중요해졌다는 것이다. '4차 산업혁명이 발전하고 블록체인이 성장하면 세계의 문화와 경제가 하나가 되고 화폐도 단일화'[118]될 가능성이 매우 높기 때문이다. 개인과 국가, 국가 대 국가의 장벽도 없어지기 때문에 시스템이 단일화 된 화폐가 필수적이다. 리플사에 이어 IBM도 스텔라를 통해 뛰어들었다. 리브라 코인을 발행한다고 했던 페이스북도 뛰어든다. 세계는 지금 보이지 않는 외환 선점 전쟁을 하는 중이다.

---

[117] [SWIFT competes with Ripple with successful instant cross-border trials].
[118] 화폐가 하나가 된다는 뜻이 아니라 암호화폐처럼 거리와 시간에 구속 받지 않는 하나의 개념 정도.

과거 산업자본 시대는 '생산 마진'이 중요했고 미국의 제조업이 무너진 후 금융자본 시대에는 '이자'가 중요했고 앞으로는 "외환자본 시대"이며 외환자본 시대에는 **'결제'**[119]**와 '송금'**이 매우 중요하다. 앞으로 암호화폐는 "결제(송금) 시스템"으로 약진할 수 있다. 그리고 그 결제에 사용할 화폐는 대부분 기업이 발행(본문 146p)하게 될 수 있다.

---

[119] 결제 자체가 중요하다는 뜻이 아니라 암호화폐는 결제 시스템을 통해 '신용'을 확장해 나간다.

디지털 금, 비트코인은 안전 자산인가?

Stone Story

어느 섬마을의 추장이 쌀을 화폐로 유통하다가 쌀이 이동하기 무겁고 사용이 용이치 않아서 추장의 사인이 들어간 종이에 증서를 쓰고 그 증서를 발행하여 돈 대신 쓰게 하였다. 그런데 추장이 그 증서를 남용하여 도박을 하고 대출을 해주는 등 무리한 발행을 하다 보니 실제 쌀의 양보다 너무 많은 증서가 발행이 되어 추장은 날이 갈수록 고민이 커져갔다. 주민들도 추장의 이상한 행동과 쌀보다 많은 증서가 걱정되어 추장에게 증서에 대해 물어보곤 했다.

그러다가 추장은 매우 번뜩이는 아이디어가 생각이 났다. 추장의 섬에는 없는 주변 육지의 돌을 쪼개어 가져다가 쪼갠 돌을 천 개로 나누어 자신의 사인을 적어 넣고 이 돌은 한정되어 있으니 금과 같다고 허풍을 떨며 가격이 쌀보다 높아질 것이라고 큰소리를 쳤다. 그러자 섬마을 사람들은 추장이 미친 게 아닌가 생각을 하고 크게 관심을 두지 않았다.

그러나 얼마 후 추장과 측근들은 마을의 장날에 그 돌을 팔기 시작했는데 처음에 쌀 한 바가지였던 것이 한 달이 지나자 쌀 두 가마니가 넘어가는 가격이 되었다. 추장과 측근들이 돈을 벌었다고 동네방네 소문을 내고 다니자 마을 사람들은 모두 그 돌에 관심을 가지기 시작했고 마을 사람 중엔 그 돌을 사는 사람들까지 나타났다. 다음 장날에 그 돌이 쌀 열 가마니로 가격이 치솟게 되자 마을 사람들은 앞 다투어 그 돌을 사기 시작했다. 그 돌의 이름은 바로 '비트코인'이었다.

그림 54. BITCOIN Design by Gong Goo

분명히 해 두지만 암호화폐는 '**기획과 의도**'를 품고 있다. 비트코인을 창시한 사람은 사토시 나카모토~Satoshi Nakamoto~라고 되어 있으나 그가 누군지 아는 사람은 아직 아무도 없고 비트코인의 제작자가 섬마을 추장의 측근인지 추장이 우연히 비트코인 시스템을 선택한 것인지 알 길은 없다. 여하튼 섬마을의 화폐 위기와 달러의 위기가 비슷하고 추장의 '돌멩이'가 나타난 시점이 2000년대 초 현재의 달러 가치 하락 속에 등장한 '비트코인'과 닮아있다. 돌멩이가 돈이 되는 과정은 추장이라는 대표자와 그를 도와준 주변 측근들이 기득권 세력이었기 때문에 가능한 일이다. 동일 사건에서 일반 주민이 똑같이 돌멩이를 돈으로 만들면 '사기죄'로 감옥에 갈 수 있는 사건이 된다.

디지털 금, 비트코인은 안전자산인가? (금과의 비교)

2019년 8월 13일 마켓츠 미디어~markets media~는 뉴스에서 글로벌 거대 금융 컨설팅 업체 드비어그룹~deVere Group~의 최고 경영자이자 창립자인 나이젤 그린~Nigel Green~이 "비트 코인은 안전한 피난처가 될 길을 가고 있으며 15,000달러에 달할 수 있다."고 인용했다.

암호화폐의 제도권 진입이 본격화되는 가운데 디지털 금으로 불리우는 비트코인이 과연 금처럼 안전한지에 대해 관심이 높아졌는데 여러 미디어들은 비트코인이 안전자산이 될 수 있는지에 대해 입을 열었다.

세계 1위 펀드 평가 회사 '모닝스타Morningstar'의 크리스토퍼 인턴Kristoffer Inton은 그의 기사에서 "투자자의 안전한 피난처로서 금보다 비트코인이 나은가" 라는 제목으로 안전자산에 대한 모닝스타의 애널리스트 분석을 실었다.[120] 이 분석은 세계 1위 펀드 평가 회사가 만들었다는 점에서 큰 의의를 둘 수 있다. 총 5개의 분석으로 나누어지는데 이 분석을 하기 위해 분석가들은 최대한 평가의 신용이 보장되는 테스트를 하였다고 인용했다.

이 테스트에서 금, 은, 보석은 오랜 역사를 바탕으로 한 가치를 형성하는 문화로 인해 금은 안전자산이 분명하다고 했다. 그러나 비트코인은 **유동성**에서 금의 일일 거래량 3%의 1/5에 못 미치는 0.5%의 평균 일일 거래량에 머물러 있다는 것이 아직 유동성이 충분하지 못하다고 밝혔다.

그리고 **기능적 목적**으로 비트코인은 평균 트랜잭션(작업의 단위)이 8분 이상 걸리기 때문에 실 사용은 여전히 제한적이고 금은 실제로 여러 투자처에 투자하지 않는 용도의 양이 많다고 밝혀 기능적 목적 부분은 모두 비효율적이라고 했다. 다음 **공급 부족 면**에서는 금의 매장량이 한정되어 있지만 금은 가격이 높은 이유로 인해 채굴 생산성을 높일 수 있다. 그러나 비트코인은

---

[120] Kristoffer Inton. [Is Bitcoin Better than Gold as Investors' Safe Haven?]. Morningstar. Aug 16, 2018, 7:34AM.

생산할 수 있는 수량이 금보다 절대적으로 적어서 강력한 공급 부족이 될 것이라고 했다. 이 점은 앞으로 비트코인 가격에 더 큰 상승의 변화를 줄 것이다. 그리고 모닝스타의 분석관들은 **미래의 수요 예측**이나 **영구성**에 있어서도 비트코인에 더 큰 점수를 주었으나 전체적으로는 암호화폐보다 금이 훨씬 더 안전한 자산이라고 평가했다. <u>금의 안전성에 도전하기 위해서는 블록체인을 둘러싼 추가적인 확실성과 다른 기타 암호화폐들의 인기에 대한 추가적인 확실성 그리고 개선된 거래량이 필요하다고 종합적 평가를 내렸다.</u>

이 평가는 매우 객관적이고 확실하다. 하지만 이미 위 평가 중 몇 가지는 암호화폐가 금의 가치보다 낫다는 평가가 나왔고 나머지 비트코인이 부족한 부분은 시간이 필요한 사안일 뿐이라고 본다. 포브스의 기고자이자 경제학 교수인 파노스 무도쿠타스 Panos Mourdoukoutas에 따르면 2019년 8월 8일 그의 포브스 기고문[121]에서 **"비트코인이 안전 자산 순위에 합류했다"**고 전했다. 리듬 테크놀러지Rhythm Technologies의 최고 마케팅책임자인 크리스 레너트센Chris Reinertsen은 "비트코인이 세계적인 불확실성에 대한 위험을 회피하고자 하는 투자자들에 의해 안전 자산으로 분류되고 있다"

---

[121] Panos Mourdoukoutas. [Bitcoin Joins The Ranks Of 'Safe Haven' Assets]. Forbes. Aug 8, 2019, 12:46am

고 주장했다. 기고문에는 주식과 같은 위험한 자산을 피하면서 글로벌 불확실성이 높아질 때 현금을 주차하는 자산이라고 명시했는데 전통적으로 미국 국채, 금 및 스위스 프랑이 안전 자산이었으나 최근에 비트코인이 안전자산에 합류했다고 명시했다.

이 내용을 보면 **주식보다 안전한 자산에 비트코인**이 있다는 사실이다. 상당히 의미 있는 내용이다.

기득권 세력의 암호화폐 시장 확장 사례와 안전의 의미

2019년 현재 암호화폐의 가장 큰 기득권 그룹은 미국과 중국에 있다. 암호화폐의 중심엔 미국의 금융 그룹 골드만삭스가 있다. 골드만삭스는 유대계의 회사이며 2015년 거대 금융 회사 중 최초로 암호화폐 시장에 5천만 달러를 투자하며 진입했다.[122] 골드만삭스 한 기업으로도 우리는 앞으로 일어날 일에 대해 충분한 상상을 할 수 있다. 골드만삭스의 암호화폐 시장 진입으로 비트코인은 제도권 진입의 시동을 걸었다. 그리고 골드만삭스는 2019년 말 현재까지 지속적으로 투자자들에게 보고서를 제출

---

[122] Nathaniel Popper. [Goldman and IDG Put $50 Million to Work in a Bitcoin Company]. The New York Times. Apr 30, 2015

하고 암호화폐 시장에서 많은 일을 하고 있다. 골드만삭스는 암호화폐 스타트업 회사 서클_{Circle}에 투자했는데 서클은 대형 암호화폐 거래소 폴로닉스_{Poloniex}를 인수한 회사이다.

이로써 골드만삭스는 암호화폐 거래소와 장외 거래소 모두 지분을 보유한 금융 기업이 되었다. 서클의 대표는 본문 6장의 'IMF 스프링 미팅' 당시 암호화폐에 대한 토론을 했던 패널 제러미 알레어_{Jeremy Allaire}인데 그는 유대인이며 서클은 주로 암호화폐의 장외 거래를 하는 거래소를 운영하고 있으며 2018년 누적 거래량이 240억 달러(약 27.67조)를 넘어서는 엄청난 액수를 자랑하는 거래소다. 주요 고객은 채굴자, 벤처 캐피탈 등 기관이다. 장외 거래는 대형 거래자들로 주로 액수가 큰 기관들이 거래한다. (대형 자금을 일반 거래소에서 거래하게 되면 일정한 가격으로 매매하기가 매우 어렵고 가격에도 큰 영향을 미친다. 그런 이유로 일반 거래소를 이용하기가 어려워 대형 투자자는 장외거래소를 이용한다.) 한편 세계에서 가장 큰 비트코인 채굴 업체는 '비트메인'으로 대표는 중국인 우지한이며 비트메인도 서클에 투자를 한 상태이다. 이렇게 이리 저리 다 엮여 있다.

이전 장에서 리플과 스위프트, IMF 그리고 세계은행 등과의 관계를 설명하였다. 또한 IBM의 스텔라루멘과 협업, 페이스북의 리브라 코인 발행 준비 등과 골드만삭스가 암호화폐에 뛰어든 사례까지 보았다.

다음 사례는 '뉴욕 증권 거래소'의 자회사 인터콘티넨탈 익스체인지$_{ICE}$가 설립한 비트코인 선물거래소 백트$_{Bakkt}$가 2019년 7월 22일에 사용자 테스트를 시작했고 2019년 12월 현재 비트코인 선물 거래를 진행 중이라는 것이다. 스타벅스, 마이크로소프트, 보스턴 컨설팅그룹도 인터콘티넨탈 익스체인지$_{ICE}$ 투자 지분에 참여했으며 이 기업들은 유대계 기업들이다. 그리고 불룸버그에 따르면 2020년에 인터콘티넨탈 익스체인지$_{ICE}$가 스타벅스에서 비트코인으로 결제할 수 있는 앱을 출시하기로 했다고 전했다.

세계에서 가장 큰 증권 거래소에서 암호화폐를 사고 팔 수 있게 되었다는 것은 매우 이례적이며 대형 상거래 매장에서 비트코인으로 결제할 수 있게 만든다는 것은 점점 더 제도권 내부로 들어가고 있음을 알 수 있다.

그리고 포트리스 투자 그룹$_{Fortress\ Investment\ Group}$에서 정보이사$_{ICO}$직을 맡았던 마이클 노보그라츠$_{Michael\ Novogratz}$는 블록체인 기술 산업을 전담하는 산업은행인 갤럭시디지털$_{Galaxy\ Digital}$의 창업자 겸 대표이사$_{CEO}$이다. 골드만삭스$_{Goldman\ Sachs}$에서 파트너로 근무했으며 2007년과 2008년에는 포브스$_{Forbes}$가 선정한 억만

장자 중 한 명이었고 2018년 미국 포브스가 발표한 전 세계 암호화폐 부자 순위 11위를 기록했다. 향후 '갤럭시 디지털' 회사는 2억 5천만 달러를 조달해 암호화폐 담보 대출 사업을 시작할 계획이다.

또한 미국의 최대 금융 그룹 중 하나인 JP 모건은 2019년 2월 14일 'JPM' 코인을 만들겠다고 홈페이지를 통해 밝혔다.[123] 홈페이지에는 "2월에 미국 화폐 통화를 나타내는 디지털 코인을 만들고 테스트 한 최초의 미국 은행이 되었다. JPM 코인은 블록 체인 기반 기술로 기관 고객간에 즉시 지불을 이체 할 수 있다."라고 되어있다. 디지털 재무 서비스 및 블록 체인 책임자인 우마르 파루크Umar Farooq는 JPM 코인은 블록체인 기술을 사용하여 즉시 결제 할 수 있도록 설계되었으며 블록체인을 통해 다른 당사자간에 돈과 같은 가치를 교환하려면 디지털 통화가 필요하므로 JPM 코인을 만들었다고 밝혔다. 이 대목에서 **"돈과 같은 가치"**라고 하는 구절을 보면 암호화폐를 법정 화폐와 같다고 보는 것이다. 그리고 이 코인은 지정된 계좌의 보유된 미국 달러화를 대체하는 디지털 화폐인데 JPM 코인은 **"항상 1달러에 해당하는 가치를 가지고 있다."**고 명시되어 있다. 즉 디지털 법정 화폐의 성격을

---

[123] [J.P. Morgan Creates Digital Coin for Payments]. jpmorgan.com. Feb 14, 2019.

가진 제도권 스테이블(가치 고정) 코인을 제작한다는 뜻이다. JP모건의 이러한 행보는 한층 암호화폐를 법정화폐(현재 각 국가에서 통용되고 있는 화폐)와 동등한 모델로 이끌어간다는 것을 시사한다.

한편 트위터 CEO 잭 도시Jack Dorsey 최고경영자CEO가 토큰 세일 스타트업 코인리스트에 직접 투자했다는 소식이 있었다. 잭 도시는 매주 비트코인을 구매하는 암호화폐 예찬론자로 비트코인이 세계 단일 통화가 될 것이라고 주장하기도 했으며 그가 이끄는 결제 플랫폼 회사 '스퀘어'는 이미 비트코인 결제가 가능한 상태다.

금융 분야의 지수를 제공하는 나스닥 증권 거래소는 상위 100개의 암호화폐의 실시간 수치를 알려주는 CIX지수를 제공한다고 2019년 10월에 발표했다. 목록은 CIX100.com에서 볼 수 있으며 CIX100 지수는 로이터, 블룸버그, 트레이딩뷰 플랫폼에 추가됐다. 이 지수는 인공지능으로 인간의 개입 없이 진행된다. 또한 암호화폐 전문 매체 코인데스크에 따르면 나스닥은 분산 금융DeFi 공간에서 일하는 블록체인 프로젝트에 대한 시장 정보를 제공하는 것을 목표로 하는 새로운 지수를 추가했다고 전했다.[124]

---

[124] Daniel Palmer. [Nasdaq Lists New Decentralized Finance Index Including MakerDao, 0x, Augur]. coindesk.com. Sep 10, 2019 at 09:45. UTC.

이 지수는 NASDAQ에 의해 시세 DEFX에 기재되어 있으며, 향후 계획된 야후 금융에 대한 목록과 함께 트레이딩뷰와 구글에서도 추적할 수 있다. 미국의 대표적 지수 산출 기관 중 하나인 나스닥에서 암호화폐를 다루기 시작했다는 사실은 또 다른 큰 의미를 안겨준다.

다음은 2019년 10월 24일 포브스에 실린 내용으로 미국 하원의 암호화폐에 대한 분위기를 전해준다.[125] 카일 토페이Kyle Torpey는 이 기고문에서 하원의원이 비트코인은 장기적으로 엄청난 가치와 유용성을 가질 것이라고 전달했으며 다수의 의원들은 비트코인과 페이스북의 리브라 프로젝트에 대한 그들의 생각을 공유할 필요성을 느꼈다고 전했다.

이어서 캘리포니아주 브래드 셔먼Brad Sherman 민주당 하원의원은 수요일 리브라에 대한 의회 청문회에서 비트코인과 같은 암호화폐가 "미국 달러에 위협이 된다"고 생각하였는데 오하이오주 공화당의 워렌 데이비슨Warren Davidson 하원의원은 페이스북이 지난 주 팟캐스트 인터뷰에서 그들의 리브라 계획을 철회하고

---

[125] Kyle Torpey. [This U.S. Congressman Thinks Bitcoin Will Have Enormous Value And Utility Over The Long Term]. Forbes. Oct 24, 2019, 10:10pm.

> 또한 노스 캐롤라이나의 패트릭 맥 헨리Patrick McHenry 공화
> 당 하원 의원은 팟 캐스트 기자 로라 신과의 인터뷰에서
> "맥헨리는 암호화폐에 대해 언급했는데 좀 더 구체적으
> 로는 비트 코인의 긍정적인 가치에 대해 흥분을 감추지
> 못했다."고 하면서, "하원 의원들은 비트코인이 장기적
> 으로 엄청난 가치와 효용을 가질 것으로 기대하고 있다"
> 고 맥헨리와의 인터뷰 내용을 전달했다.

대신 비트코인을 채택해야 한다고 말했다. 미국 하원에서의 분위기는 이처럼 암호화폐를 매우 중요시하는 것을 볼 수 있다. 글로벌 기득권 세력의 더 많은 사례가 있지만 여기서 마무리 한다. 미국 하원의 분위기가 2019년 말 현재 이 정도라는 것은 암호화폐의 한층 커져가는 기대감을 읽을 수 있는 사례이다. 기득권 세력이 어떻게 해석하고 어떤 관점으로 바라보는 지가 안전자산의 척도가 될 것이다.

기획과 의도

두 개의 비트코인 선물(Futures contract)의 시작과 무법 지대

2017년 미국 시카고옵션거래소CBOE는 12월 10일(현지시간) 비트코인 선물을 상장했고 시카고상품거래소CME는 18일 시작했다. 이 두 거래소는 미국의 대표적인 파생상품 거래소이다.

미래의 가격을 예측하고 자산의 위험을 보완하는 용도로 만들어졌으나 여러 금융 투자 기관들의 금융 약탈 용도로 사용되기도 한다. CME가 더 영향력이 크며 실제로 2017년 12월 15일에 시작된 비트코인 6개월짜리 만기 선물 상품이 시작과 동시에 폭락을 진행했다.

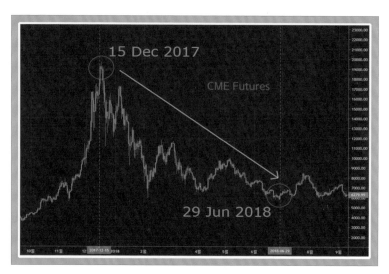

그림 55. CME 비트코인 선물 6개월 만기 최초 상품
(2017. 12. 15-2018. 6. 29)

　폭락은 6개월 동안 진행되었고 만기일에 맞혀 정확히 6개월 내 가장 낮은 금액에 도달했다. 이것이 기획과 의도가 없었다고 볼 바보는 없을 것이다. 시장에서 선물 세력이 가격을 컨트롤한다는 의혹은 주식시장에서도 흔한 일이다.

　그림 56은 CME 비트코인 선물 상품의 6개월 만기 상품 중 두 개를 연속으로 나열한 것이다. 가장 높은 가격과 가장 낮은 가격은 며칠 차이가 있지만 어떤 모종의 관계를 알 수 있을 것이다. '선물'이란 상품은 가격 예측 상품인데 가격의 차이가 많이 날수록 수익이 커진다. 그림 56을 보면 비트코인 선물의 가격이

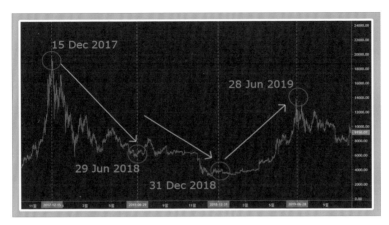

그림 56. CME 비트코인 선물 6개월 만기 상품들

상당히 노골적 흐름임을 직감할 수 있다. 누군가가 통제를 하지 않으면 그림과 같은 상황이 나오기는 매우 어렵다. 선물 날짜에 맞춰서 상승의 끝 지점과 하락의 끝 지점으로 움직이는 이 차트는 의심의 여지가 없다. 이 글을 보는 사람이라면 다음 6개월 만기일을 살펴볼 것이다. 그러나 이런 것도 몇 번 하다가 개미들이 눈치 채면 패턴을 바꿀 수 있다.

2019년 말 현재 암호화폐는 모든 국가에서 관련 법이 정해지지 않았다. 아마도 기득권 세력이 암호화폐 깊숙이 자신들의 재산을 다져 넣을 때까지는 관련 법을 제정하지 않을 것이다. 법을 재정하면 그들의 작전이 감독 기관의 전산망에 바로 잡히기 때문이다. 그들이 모든 것을 독점하고 인프라를 구축하고 충분히 약탈을 할 준비가 끝나면 법 제정을 시작할 것이라고 본다. 암호화폐는 탈 중앙화 화폐가 아니라 상당히 깊은 중앙 속의 중앙화 화폐이다. 2019년 현재의 기득권 세력이 자신의 금융 기득권을 길에다 버릴 확률은 없기 때문이다. 암호화폐는 그들의 손아귀에 독점적으로 흘러 들어갈 것이라고 확신한다.

금과 주식 차트의 정반대 현상

미국 주식과 금의 역대 차트를 상대적으로 분석해 보면 대부분 두 종목의 가격이 상반된 결과가 이루어지는 것을 볼 수 있다. 이것은 주식시장에 문제가 생길 때 안전 자산인 금으로 갈아타는 지극히 당연한 현상이다.

그림 57을 보면 미국 주식과 금의 가격이 정반대로 움직이는 것을 볼 수 있다. 분명히 기득권 세력은 수익의 극대화를 위해 금의 고점에서 금을 팔고 주식의 저점에서 주식을 산 다음 다시 주식의 고점에서 팔고 금의 저점에서 다시 사고를 반복하여 수익을 극대화할 것이다. 아울러 항상 모든 종목의 가격 고점에서는 흥분한 일반 개미 투자자들의 많은 희생이 따를 것이다. 금과 미국 주식의 2019년 현재 상황은 금이 상승할 준비를 하고 주식은 하락할 준비를 하는 것으로 보인다. 그러나 금이 상승하기 위한 출발 시점까지 시간이 더 걸릴 수도 있어 보인다.

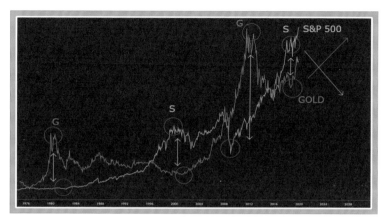

그림 57. S&P 500과 금 가격의 비교

가까운 미래에는 비트코인이 추가되어 3개의 분야가 번갈아가면서 고점을 만들 확률이 높아졌다. 기득권 세력은 수익의 극대화를 위해 고점을 동시에 올리지 않기 때문이다. 앞으로 광대가 3개의 물건을 돌리는 '저글링 쇼'를 하듯이 고점을 돌릴 가능성이 높아졌다.

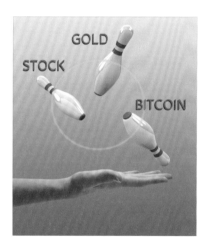

그림 58. 저글링 쇼

대부분의 가격 고점은 그들의 것이다.

김치 프리미엄과 거래 조작 그리고 업비트

한국 검찰에 따르면 한국 암호화폐 거래소 업비트는 2017년 9월~11월 사이 가짜 아이디를 개설해 전산을 조작하여 1천 221억 원 규모의 자산을 예치한 것처럼 꾸미고 회원들에게 1조 8천억 원대를 팔았다고 검찰은 사기 혐의를 적용했다. 이 사건으로 업비트 운영진에게 검찰은 7년을 구형하였으나 이것이 업비트만의 문제일까? 거래소 매매창을 보면 대부분의 암호화폐 거래소가 조작을 일삼고 있다는 사실을 쉽게 눈치챌 수 있다. 업비트는 한때 글로벌 거래량 1위의 거래소였으며 한국의 카카오는 한국의 오랜 관행이던 은산 분리(은행과 기업의 분리) 원칙을 깨고 은행인 '카카오 뱅크와' 거래소인 '업비트' 두 가지를 모두 가진 기업이 되었다. 우연히 이루어진 것처럼 보이지만 세상에 우연은 없다. 이것이 바로 힘을 가진 기업이다.

2017년 12월 말에서 2018년 1월 초, 한국의 암호화폐 거래소 업비트 및 빗썸 거래소 등에서 비트코인의 가격이 사상 최고 가격인 한화 2,600만원에 도달했을 때 시장에는 '김치 프리미엄'이라는 기이한 현상이 나타났다. 달러의 가격보다 60% 비싼 가격으로 한국 거래소에서 거래되는 것이었다.

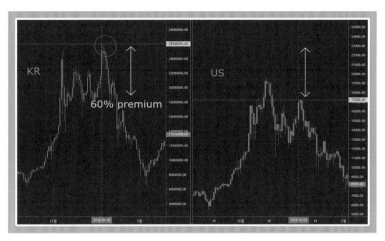

그림 59. 김치 프리미엄

　당시 국가 간 거래소의 제재가 없어 자유롭게 외국인이 한국 암호화폐 거래소에 재정 거래(국가간 차익 거래)를 할 수 있었다. 달러로 비트코인을 매수한 외국인들은 한국의 투자자들에게 시세의 60%가 넘는 가격에 그들의 '돌멩이'를 안겨주고 현금을 챙겨서 떠났다. 김치 프리미엄이 60%라는 것은 많은 매체에서 분석한 결과다. 당시 유난히 한국의 가격이 높아서 붙여진 한국만의 가격 프리미엄 이름이 **'김치 프리미엄'** 이다. 이후로 한국 거래소는 외국인의 진입이 힘들어졌다.

　같은 날, 1월 5일 주변에 달러 대 원화 환율이 가장 **'바닥'**이었던 것은 우연일까? 당시 한화가 달러 대비 가장 높은 가격이었던 점은 비트코인의 한화 매도 수익률로는 가장 극대화 된 시기였던 것이다. 다시 정리해보면 비트코인을 저점에 달러로 사서 고점에 한국 거래소로 보내어 매도하면 미국보다 60% 높게 팔 수 있는데 마침 원화가 가장 비쌌던 시기였다는 사실이다. 이것은 거꾸로 해석하면 이미 누군가 수익률의 극대화를 위해 작전을 세운 것으로 밖에 보이지 않는다. 그러나 이것을 우연으로 치부하면 더 이상 할 말은 없다. 혹시 이 저서 대부분의 내용이 우연이라고 우기는 순수한 독자가 있다면 절대 주식 투자나 어떤 변동폭이 큰 종목에 투자하지 말아야 한다. 투자의 기본은 세력의 흐름을 예측하는 것이기 때문이다. 예측한다고 다 파악할 수는 없지만 그것이 기본이기 때문이다.

시장이 순수하게 돌아간다고 생각하는 전문가는 없다.

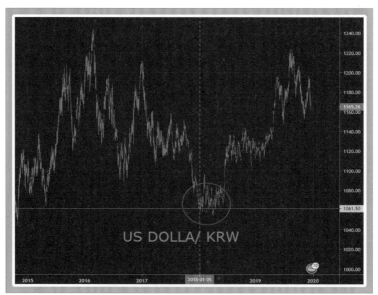

그림 60. 2015년 이후 달러/원 환율 최저

김치 프리미엄이 끝나고 달러의 가격은 바로 올라갔다. 참으로 신기한 일이다.

또한 대부분의 암호화폐 거래소는 거래 시스템의 조작을 아주 쉽고 간편하게 저지르고 있다. 대부분의 국가들이 아직 통제를 강도 높게 하지 않기 때문이다. 대부분의 거래소 매매 화면을 보면 로봇이 움직이고 있다는 것을 쉽게 눈치챌 수 있다. 세상에 어떻게 그럴 수가 있나 싶지만 우리는(대중은) 약탈 당하는 대상이다. 블룸버그에 따르면 코넬 테크와 다른 여러 대학의 연구자들의 논문에서, '플래시 보이즈'와 같은 거래 조작이 특정 암호화폐의 매매에 만연해 있다고 꼬집었다.[126] 특별 차익 거래 봇(거래 로봇)은 분산된 거래에 대한 일반 사용자의 거래를 예상하고 이익을 얻고 있으며, 이는 그들이 더 직접적으로 거래할 수 있게 해 주었다"고 저자들은 지난주 발표된 보고서에서 말했다고 전했다. 이어서 자율적 거래 프로그램을 배치하는 회사들은 더 높은 수수료를 지불함으로써 우선순위를 정하고, 거래자들이 다른 사람들의 주문을 보고 자신의 주문을 먼저 배치할 수 있는 프론트 러닝과 같은 관행에 이점을 이용한다고 인용했다. 이 기사에서는

---

[126] By Olga Kharif & Vildana Hajric. ['Flash Boys' Trading Bots Are Running Wild on Crypto Exchanges]. Bloomberg. Apr 16, 2019

거래 시스템의 여러 불법 조작에 대한 문제를 지적했다.

이처럼 대부분의 거래소에서는 조작이 만연하다. 이것은 암호화폐라서 더 심한 것이 아니라 암호화폐의 조작 문제는 기득권 세력의 독점화 중 일부의 문제일 뿐이고 암호화폐가 2019년 현재 법과 감시 감독 시스템이 거의 없기 때문에 조작은 훨씬 쉽게 일어날 수 있다. 금이나 주식이라고 조작이 없는 것은 아니다. 법제도 속에 있어 더 많은 비용과 작업이 필요할 뿐이라고 본다.

부동산도 위험한 자산이 될 수 있다

주식, 펀드. 부동산, 채권 등 국민의 대부분이 어떤 것에든 투자를 한다. 투자를 안하는 사람은 현재 여유 자금이 없을 뿐이지 여유 자금이 있는 사람이 집도 없고 주식도 없고 펀드도 없고 금도 없이 통장에 저축만 하는 사람은 매우 드물다. 그러기에 많은 사람들은 이미 어느 자산에 투자가 되어있다고 봐도 무방하다. 때에 따라선 비트코인보다 부동산이 더 위험할 때가 있을 수 있다. 우리는 '기획과 의도'에 무방비로 노출되어 있기에 애초부터 안전자산이란 없다. 금이 안전자산이라고 해도 앞서 금과 주식의 가격 관계 그래프에서 보다시피 가격이 주식과 정반대로 거울처럼 움직인다면 안전자산의 정의는 상승을 앞두고 있는 것이 안전 자산인 것이다. 예를 들어 금이 하락기에 접어들면 주식이 안전

자산이 되는 것일 뿐 이 세상에 안전 자산은 없다. 부동산도 마찬가지로 불패라고 하나 앞서 수없이 언급한 것처럼 하락만 하는 패턴으로 바뀔 수 있기 때문이다.

부동산이든 주식이든 환상에 빠져 있을 때가 가장 위험하다. 저자는 2007년도 부동산 가격과 금리에 대한 연관성을 분석해 볼 수 있는 차트 하나를 가지고 있다.

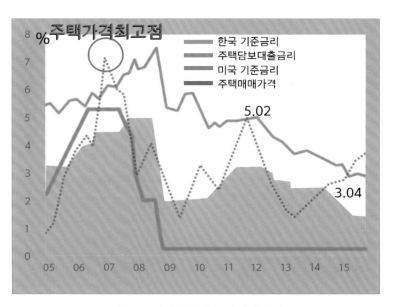

그림 61. 과거 한국의 주택 가격 추이

주택 대출의 이율을 최고치에 도달시켜 높은 이자를 만든 다음 주택 가격이 폭락 하는 사례를 볼 수 있다. 그림 61을 자세히 보면 미국과 한국의 기준금리가 오르고 나서 금리가 동결되어 횡보할 때 주택의 가격이 마지막으로 치솟는 장면을 볼 수 있다. 2000년 중반에도 미국의 금리가 바닥에서 장기간 횡보 하다가 고개를 들자 한국의 주택 가격이 올라갔다. 그리고 2019년 현재도 마찬가지로 미국의 금리와 한국의 기준 금리가 가장 높은 지점에 이르자 주택 가격이 치솟았다. 그리고 금리는 2019년 하반기에 꺾였다. 전 국민이 이자를 가장 많이 낼 수 있는 시기에 주택의 가격이 치솟는 것은 우연일까? 그리고 항상 진보 정부에서 부동산의 가격이 오르는 것도 석연치 않는 부분이다. 대부분 사람들은 보수 정부 시기에 주택 가격이 오른다고 생각하지만 주택 가격은 대체로 진보 정부에서 많이 오른다. 앞으로도 계속 그렇게 될 확률이 크다. 보수 정부가 들어서면 건설과 제조업이 중요시되는 편이고 진보 정부가 들어서면 금융이 활성화된다. 이 이유는 언급을 안해도 아는 분들이 많다.

이 부분을 8장, 기획과 의도에 쓰는 이유를 눈치 채면 좋겠다. 글로벌 금융 거대 기업은 앞서 분석한 바 유대계 금융 기업이 대부분이다. 그리고 한국은 몇 차례 경제위기에 처하면서 금융 지분이 이미 외국 자본으로 많이 교체되었다. 6대 시중은행의 외국인 지분율은 2019년 현재 73%가 넘는다. 그러므로 주택의 대출이자로 만들어내는 은행의 수익은 고스란히 외국으로 빠져 나간다.

그래서 진보 정부와 금융계 그리고 주택 가격 상승이 전혀 관계가 없다고 할 수 없을 것이다. 다음 그림은 역대 정부의 그린벨트 해제 면적이다.

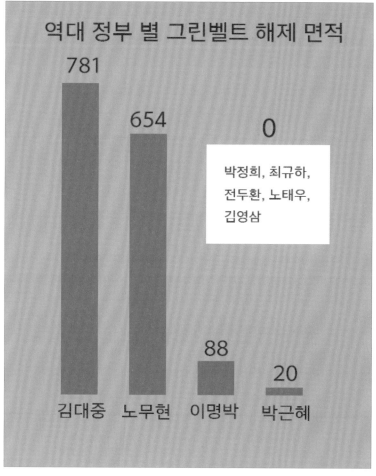

그림 62. 역대 정부 별 그린벨트 해제 면적

김대중, 노무현, 문재인 대통령의 진보 정부에서 모두 부동산 가격이 폭등했던 것은 우연이 아니다. 그림 62에서 그린벨트 해제 면적을 보면 더 이해가 쉬울 수 있다. 그린벨트 해제는 대체로 부동산 면적이 되었기 때문이다. 진보 정부 시기에 부동산이 오르고 그 오르는 이자는 앞서 언급한 것처럼 외국인 투자자들에게 고스란히 들어가며 이렇게 거침없이 올린 부동산 가격은 쉽게 하락한다.

그러나 이런 흐름 속에서도 아주 쉽게 시장을 파악하는 한 가지 방법이 있다. 사람들이 부동산은 절대 사면 안된다고 여기 저기서 걱정해주면 그 때 매입하면 되고 지금처럼 가는 곳마다 아파트 애기로 화제의 꽃을 피우면 하락할 시기가 얼마 안 남았다는 것이다. 저자는 실제로 2013년에 현재 사는 송파동의 아파트를 매입하여 지금 정리했다. 2013년 저자가 집을 구매하자 모든 사람들이 걱정해 주었다. 마찬가지로 지금 집을 팔자 많은 사람들이 아쉬워했다. (저자는 집에 대한 정의가 일반적인 사람들과 다른 편이다) 지금 가장 문제는 대출을 많이 끼고 부동산을 매입했거나 갭 투자에 뛰어든 경우다.

근래 일본은 빈집 문제로 심각하다. 일본 노무라종합연구소가 지난해 6월 내놓은 보고서를 보면, 일본의 빈집 비율은 2018년

16.9%, 2023년 21.1%, 2033년 30.4% 등으로 앞으로 점점 빠른 속도로 늘어날 것으로 보인다. 인구 감소가 가속화되면서 2033년에는 일본 전체 주택 7,126만호 가운데 1/3이 빈집이 되는 셈이다.

한국이 일본보다 노령화가 빠르다는 것을 감안하면 곧 한국도 빈집이 엄청나게 늘어날 전망이다. 4차 산업혁명 이후에는 인구 감소와 노동 인력 감소, 일자리 감소로 2019년 12월 현재의 부동산 가격을 계속 지탱해갈 수 없을 지도 모른다. 지금의 주택 가격은 엄청난 버블을 끼고 매매를 하는 수준이다. 부동산을 꼭 매수해야 한다면 상당히 많은 시간을 기다려서 다시 기회를 노리는 것이 좋겠다. 지금은 더 상승한다 해도 당장은 매수할 시기로 보이지는 않는다.

비트코인의 도미넌스 횡포

암호화폐는 특이하게 법정 화폐로 구매하는 경우가 없었다. 그래서 모든 암호화폐는 비트코인으로 구매하거나 이더리움을 통한 ICO로 구매하는 방법 외에는 구매 방법이 없었다. 그러다 보니 '비트코인 마켓'이 2019년 12월 현재까지 존재하게 되었고 비트코인 마켓에서는 비트코인으로 다른 모든 암호화폐를 매매하는 제도가 유지되고 있었다. 그래서 비트코인의 가격 하락이 오면 비트코인 마켓의 암호화폐 전체 종목의 가격이 동시에 하락이 오고 상승하면 동시에 암호화폐 전체가 상승하는 특이한 현상도 벌어지게 되었다. 이 현상도 마찬가지로 기득권 세력의 기획과 의도라고 믿고 있다. 2019년 현재는 법정 화폐를 사용하는 거래소가 많이 늘어났지만 비트코인의 이 같은 현상은 그대로이다. 비트코인이라는 대장만 잡고 가격을 올리고 내리면 암호화폐 전체의 가격 조정을 할 수 있다. 이런 현상은 암호화폐를 처음 투자하는 투자자라면 매우 이상하게 느껴질 것이다.

대장만 움직이면 모든 종목이 동시에 움직이는 것도 로봇 매매를 이용해서 조작하는 것으로 보인다. 이 현상은 앞으로 닥쳐올 미래의 무서운 **'세계적 통화 통제 현상'**을 미리 볼 수 있다는 점에서 매우 중요한 내용이라고 생각한다. 거래소와 우리 눈에 보이지 않는 숨어있는 기득권 세력의 움직임은 분명히 존재한다.

그리고 또 하나의 세계적 통제는 이더리움의 증권화이다. 이더리움의 목표가 **'증권의 암호화폐화'**라고 앞에서 언급한 것을 상기해 보면 세계 증권시장의 미래가 하나의 시스템으로 모두 통제될 가능성이 충분히 있다고 볼 수 있다. 그래서 암호화폐의 거래는 각국의 주식 장이 열리는 시간을 넘어서 1년 365일 24시간 휴일 없이 돌아간다. 각 나라의 특정 증권 거래 시간이 전 세계 통합 증권 시장의 방해 요소가 되기 때문이다. 이것은 세계가 하나의 시장으로 통일되는 4차 산업혁명의 특성이기도 하지만 거기에 맞춰 조작과 통계도 훨씬 간단하고 수월해 질 수 있음을 시사한다.

한편 비트코인 도미넌스dominance는 비트코인의 점유 비율을 뜻하는 용어로 비트코인 도미넌스의 상황 또한 횡포에 가깝다. 전체 암호화폐에서 비트코인이 차지하는 비율을 뜻하는 도미넌스 (패권, 헤게모니)의 뜻 자체에서도 우리는 비트코인 도미넌스의 의도를 알 수 있다. 비트코인의 도미넌스는 2018년 1월, 35%에서 2019년 말 현재 70%까지 올라있다. 이 장면을 잘 관찰해 보면 비트코인은 도미넌스의 영향으로 인해 암호화폐의 전체 하락장 속에서도 비트코인은 상대적으로 가격이 많이 빠지지 않고 하락폭을 낮게 방어하면서 다른 암호화폐들은 상대적으로 심각하게 바닥을 향해 가는 현상을 나타내고 있다. 2019년 현재 고점

대비 90% 이상 빠진 종목들이 즐비하다. 결론부터 말하자면 비트코인 마켓에서 비트코인으로 가격이 심하게 빠진 모든 암호화폐를 구매하기가 상대적으로 매우 좋아졌다는 것이다. 가격 방어가 잘 된 비트코인으로 처참하게 무너진 암호화폐를 주워 담기 매우 쉬워졌다는 뜻이다. 둘 사이(비트코인과 나머지 암호화폐)의 가격 편차가 많이 벌어졌기 때문이다.

어떤 차트, 어떤 투자종목(주식, 금, 암호화폐, 부동산)을 보더라도 의도를 동반한 종목들의 큰 흐름이 있다. 그것은 우연이라고 보기에 매우 정확한 어떤 '타이밍'이 존재하는데 일반 투자자들은 항상 그 '타이밍'의 반대편에 있다.

암호화폐의 거시적 전망

리플의 가격 폭발은 가능한가?

2020년 이후 대형 상승을 할 수 있는 종목들은 금, 은, 암호화폐와 같은 안전 자산이 될 것이다. 암호화폐 중에서 좋은 종목들이 많지만 단연 리플의 가능성에 큰 기대를 해 본다. 가격 적중에 대한 예언이 아니라 상승에 대한 충분한 가능성과 재료들을 보자는 것이다.

리플은 2017년 1월 2일에서 2018년 1월 1일까지 정확히 1년 동안 약 94,870%의 거대한 상승을 했다.

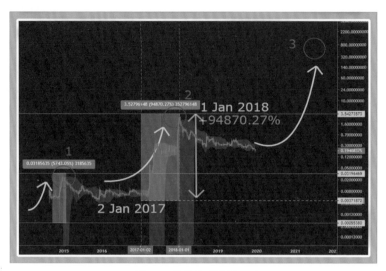

그림 63. 리플의 계단식 상승

리플은 세상에 나타난 이래로 두 번의 계단식 가격 상승을 했는데 첫 번째는 5,743% 상승했고 두 번째는 94,870% 상승했다. 리플의 이 같은 계단식 상승 패턴과 보조지표들의 리듬을 보면 세 번째는 이전 상승보다 훨씬 더 높은 폭으로 상승할 것이란 예상할 수 있다. 어디까지나 예상이다. 예측이라는 것은 가능성을 가진다는 뜻이지 이 차트 분석 하나로 가격 적중을 하려는 것은 아니다. 어디까지나 하나의 가능성을 두고 몇 가지의 충족할 재료들을 찾아보는 것이다. 차트만을 보고 미래를 예측할 수 있는 사람은 '기획과 의도'를 만드는 무리들뿐이다. 여하튼 리플의 두 번째 가격 상승이 100,000%에 가까운 상승을 했다는 사실을 아는 사람은 드문데 세 번째 가격 상승은 두 번째 상승보다 더 거대할 것이라고 예상한다.

일반적으로 차트는 종목 자체의 일관성 있는 패턴이 존재하는데 리플 차트를 프랙털[127] 관점에서 보면 2020년 중반 이후 리플은 상승을 위한 시동을 걸지 않을까 예상한다. 이 시점은 비트코인의 채굴 반감기와도 연관이 있을 것이라고 예상하는데 앞서 언급한 바와 같이 비트코인이 상승하면 다른 모든 암호화폐도 동반 상승할 확률이 커지기 때문에 2020년 중반 이후를 기대해 볼 수 있다. 그러나 리플은 개별적 분석만으로도 충분히 상승할 만한 조건들이 많다.

그림 63에서 리플의 가격 움직임을 보면 한 번 크게 상승한 후 (1에서 2로) 오래 뜸을 들이는 지루한 박스권 가격 횡보가 나타나는데 2019년 12월 현재(2에서 현재까지의 구간)의 리플도 그런 상황을 겪고 있다. 그래서 2019년 12월 현재도 뜸을 들이는 기간이므로 앞으로 상당 기간 가격 변동은 크게 없을 것으로 보이며 리플이 유독 바닥 박스권의 가격 횡보가 심한 이유는 길게

---

[127] 우주 자연에는 반복 확장하는 패턴이 존재한다는 이론

횡보할수록 폭발력이 강해지기 때문이다. 다른 관점에서 보면 리플이 준 스테이블 코인이기 때문에 변동 폭을 많이 주지 않을 수 있는데 리플을 달러와 같은 실 사용이 가능한 화폐로 사용하려면 일정 기간 변동폭이 많이 없어야 안정감이 있기 때문이다. 하지만 이런 오랜 바닥권 가격 횡보에 지친 투자자들이 "리플은 원수에게나 추천해라." 라는 농담 섞인 말을 건넬 정도로 투자자들에게는 큰 인내력을 요구하는 종목이다.

리플은 비트코인과 더불어 **여러 차례 가격의 하락이 올 수 있으니 주의해야 한다.** 0.17 달러 밑으로, 한화로는 200원 밑으로 가격이 내려갈 가능성이 있다. 리플 투자자라면 이 점을 명심해야 하며 바닥에 매수해서 높은 가격에 팔아야겠다는 너무 큰 욕심을 버리고 리플이 발전하는 오랜 시간을 지켜보는 것이 현명해 보인다. 게다가 **리플 가격은 최악의 경우 몇 달에서 몇 년을 더 바닥에서 횡보할 수도 있으므로 조바심을 가지고 리플을 상대(투자)하는 건 큰 낭패를 보기 쉽다.**

아울러 2020년이면 비트코인의 채굴 반감기가 도래하는데 채굴 반감기라는 것은 채굴하는데 주어지는 수량의 보상이 반으로 줄어든다는 것이다. 예를 들면 같은 시간과 비용을 투자하여 예전에는 한 개의 비트코인이 채굴되었다면 채굴 반감기 이후는 절반밖에 채굴이 되지 않는다. 당연히 채굴 반감기가 오면 비트코인을 채굴하는 비용이 상대적으로 두 배 상승한다. 그것은 대부분 전기료인데 채굴 반감기를 거치면서 영세 채굴장은 경영을 포기해야 할 정도로 투자 비용이 높아진다.

그렇지만 비트코인은 철저한 기획과 의도를 가지고 탄생했기에 분명히 반감기를 거치고 나면 가격을 상승시켜 거기에 맞먹는 생산 비용과 수익을 이끌어낼 것으로 보인다. 비트코인은 2019년 현재까지 총 두 번의 반감기를 거쳤으며 2012년 11월 28일과 2016년 7월 09일에 발생했다. 첫 번째 채굴 반감 당시 비트코인 가격은 12.31달러였으며, 두 번째 반감 당시 비트코인 가격은 650.63 달러였는데 두 번의 반감기 이후 모두 엄청난 상승을 가져왔다. 채굴 반감기 이후에도 가격 상승이 없을까 걱정을 하는 경우가 있는데 그런 경우는 비트코인을 기획했던 기득권 세력이 비트코인을 버리는 경우 외에는 없다. 기득권 세력이 바보가 아니라면 비트코인을 버릴 가능성은 지극히 낮다. (투명한 돌멩이의 가격을 2,600만원으로 만드는 기적의 집단들이다. 그리고 0원짜리를 2,600만원까지 올리는 과정에 드는 비용도 막대하다.)

2019년 말 현재 벌어지는 달러의 가치 하락 문제가 지금까지 달러의 대체 모델로 인식된 리플의 상승 원인이 될 수 있으며 스위프트를 리플로 점차 대체하게 되면 리플 수요의 증가로 가격 상승이 올 수 있음은 앞서 본문에서 밝힌 바 있다. 암호화폐 전문 매체인 코인스피커Coinspeak의 기자 테우타 프란지코비치Teuta Franjkovic의 기사[128]에 따르면 리플의 가격이 589달러 또는 11,400 달러의 상승을 할 가능성이 있다고 주장했는데 그의 기사에서도 리플의 국경 간의 거래, 즉 스위프트로 인한 상승을 크게 보고 있다. 기자는 유튜브YouTube의 워킹 머니Working Money채널을 인용하여 스위프트는 매일 4조 7천억 달러를 처리하는데 거래 금액을 상대적으로 대입하여 통계를 내면 리플이 스위프트의 1%를 대체하는 경우 5.56 달러의 가격에 도달하고 10%를 차지하면 55.6 달러에 달할 것이며 최종적으로 다른 가격 상승 요인까지 합치면 리플은 1만 달러로 설계되었다고 분석했다. (100%를 대체하게 되면 556 달러가 된다) 이것은 리플이 스위프트를 100% 대체할 수 있기에 충분히 실현 가능성 있는 금액이라고 생각한다.

또한 기자는 리플 연구소의 공동 설립자인 아서 브리토Arthur Britto의 글을 인용하여 2017년 그는 **"XRP는 75억 명의 사람들을 수용하기 위해 확장이 가능해야 한다"**고 주장했다. 이는 세계 인구

---

[128] Teuta Franjkovic. [Here's How Ripple's XRP Could Hit $589 or Even $11,400 One Day]. Coinspeaker. Feb 22, 2019

전체가 사용할 수 있도록 하려는 리플의 야망과 그 규모에 대한 통찰력을 제공한다고 언급하며 리플이 정확하게 11,400 달러의 가치를 지니도록 설계되었다는 그의 주장에 기자는 동의했다. 기사에서 인용한 리플 1개당 **11,400 달러**의 가치는 전 세계 인구가 사용하게 되었을 경우에 해당하는 것으로 보인다.

이 기사의 내용들은 리플이 암호화폐 중 얼마나 거대한 시스템의 존재라는 것을 알 수가 있다. 리플의 스위프트 대체로 556 달러의 가격이 될 수 있는 상황이 오고 스위프트를 넘어서 75억 명의 전 세계 인구가 사용하게 된다는 것을 상상해보면서 이 같은 시나리오는 IMF나 세계은행의 암호화폐에 대한 움직임이나 달러의 몰락, 리플의 가격 상승의 패턴 그리고 리플의 여러 비전들속에서 충분히 가능하다고 판단된다. (이 기사의 분석은 투자를위한 분석이 아님을 밝힌다.)

차트 분석으로 보는 투자의 함정

본문의 내용을 보면 금과 암호화폐가 곧 엄청난 상승을 할 것처럼 보이지만 어떤 종목이든 대형 상승은 생각처럼 쉽지 않을 수 있다. 본 저서가 투자의 목적으로 만들어진 것은 아니지만 저자의 개인적인 차트 분석을 소개하고자 한다. 계속 언급했던 것처럼 차트를 작성하여 100% 예측을 적중시킬 수 있는 전문가는 없다. 투자에 있어서 차트 분석이라는 것은 미래에 대한 대비 정도일 뿐이며 객관화 되지 않은 개인의 생각이라는 점을 다시 한 번 강조하며 조심스럽게 분석을 시작해 본다.

리플의 가격 폭발에 관한 설명을 하면서 언급했었지만 리플은 2017년 말 엄청난 가격상승으로 인해 다시 가격이 본격적으로

그림 64. Ripple & Bitcoin

상승하려면 상당한 시일(몇 년이)이 더 걸릴 수도 있음을 충분히
인지해야 한다.

　왼쪽의 그림 64를 보면 리플과 비트코인이 2017년 말에서
2018년 초까지의 상승이 너무 커서 바닥을 빠져나가는데 시일이
다소 걸릴 수 있으며 가격 차트를 보면(특히 리플) 거대하게 솟
은 2017~2018년의 고점으로 인해 바로 상승하기에 많은 부담이
있어 보이니 투자자라면 충분한 시간적 여유를 가지고 진입하는
것이 좋아 보인다. 암호화폐는 아직 제도권 진입기에 있다.

　다음은 더 자세하게 그려본 비트코인의 1개월 봉 차트이다.

그림 65. Bitcoin 1month

Y축의 비트코인 가격 상승만큼 X축의 조정기간이 필요하다. 물론 이것은 저자의 생각이며 내일이라도 당장 어떤 호재를 안고 비트코인의 가격이 상승할 지는 아무도 모른다. 그러나 Y축과 X축과의 함수 관계는 대부분의 비트코인 패턴에서 발견된 적이 많아서 소개해 본다.

마지막으로 인류 역사상 최대 거래량을 보이며 많은 투자자들이 몰리고있는 금의 가격 차트를 분석해 본다.

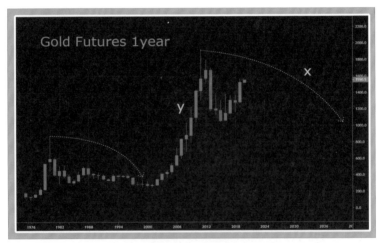

그림 66. 금 가격 차트

마찬가지로 10년 내리 상승한 Y축에 대한 X의 조정기간이 많이 부족해 보인다.

대표적인 종목 금, 비트코인, 암호화폐 3종목의 가격 차트를 분석하면서 앞으로 심각한 금액까지 가격이 하락할 수 있다는 것에 대해서도 가능성을 열어두고 대비하는 것을 조언한다. 아울러 투자자들은 2020년에서 2030년까지를 큰 전환기로 보고 투자하는 것이 매우 바람직한 자세로 보인다.

그리고 한 가지 더 첨부하자면 달러의 방향이다. 본문 전체의 줄거리에 해당하는 달러의 가치 하락을 뒤로하고 역설적이게도 경제 위기가 봉착하면 제일 먼저 상승할 가능성이 있다. 이것은 누구나 알고 있다시피 글로벌 경제에 문제가 생기면 달러의 가치가 상승해왔던 것처럼 다음 경제 위기가 발생한다면 가차없이 달러가 가장 빠르게 상승할 수 있다.

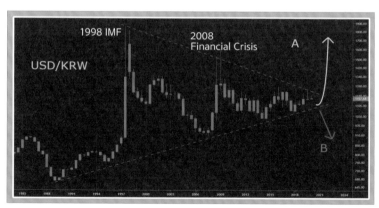

그림 67. 달러/원화의 6개월 봉 차트

외환시장의 한 가지 예로, 그림 67의 달러/원 차트를 보면 2020년 1월 현재 큰 삼각형 수렴이 진행되는 것을 볼 수 있다. 차트 이론에서 삼각 수렴이 끝나면 가격의 방향성이 급격하게 움직이는 것을 알 수 있는데 경제위기가 발생한다면 당연히 A로 진행될 수 밖에 없다.

본문의 여러 장에서 보았다시피 달러 가격의 급격한 상승은 다른 자산으로의 또 다른 이동이 예상된다고 볼 수 있다. 즉, 미국 증시의 고점에서 빠져나온 자본이 달러로 움직이고 다시 달러 가격이 고점이 되면 금이나 암호화폐로 이동(저글링쇼)할 수 있다. 자본의 수익을 극대화시키는 방법으로 어떤 자본의 가격이 고점이고 어떤 자본의 가격이 저점을 형성하고 있는가가 다음 방향성을 결정할 중요한 요소로 분석된다.

암호화폐의 장기적 관점

본문에 비트코인이나 리플 등의 암호화폐를 긍정적으로 다루는 내용이 많아서 저자가 암호화폐 옹호론자라고 볼 수 있으나 저자는 암호화폐 부정론자이다. 그러나 암호화폐에 대해 소개를 하고 긍정적인 면들을 부각시키는 저자의 글들은 태풍 앞에 서 있는 기상학자의 마음으로 작성한 글이라는 것을 알리고 싶다. 암호화폐를 부정적으로 본다고 해서 밀려오는 힘까지 거부할 수는 없기 때문이다. 그리고 글로벌 기득권 세력을 상대할 수 있는 개인은 있을 수 없다. 마치 국가가 화폐 단위를 변경하면 그것을 부정하고 싶어도 따라야 하는 것처럼 암호화폐도 싫든 좋든 우리 피부 가까이로 점점 다가오게 될 것이라고 보기에 암호화폐를 받아들이는 편이 좋을 것이다. 엄밀히 말한다면 투자가 아니라 저축해야 한다는 표현이 더 나을 수 있다. 미래 화폐에 일정 부분을 저축하는 행위는 미래에 올 수 있는 위기의 대처 방법 중 하나가 될 것이다.

마지막으로, 암호화폐가 제도권에 진입하는 과정을 간단하게 분석해 보기로 하는데 암호화폐의 제도권 진입 과정은 총 5단계로 '도입기-진입기-폭발기-안정기(조정기)-쇠퇴기(하락기)'의 총 5단계를 거칠 것이라고 본다. 2019년 말 현재는 진입기에 해당된다.

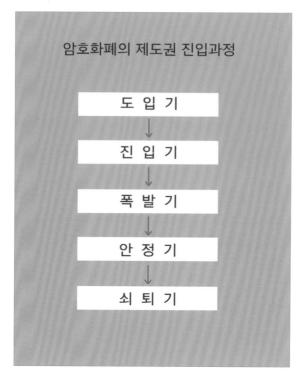

그림 68. 암호화폐의 제도권 진입 과정

기존 화폐에서 암호화폐로의 자본 이동은 폭발기[129] 이후 크게 일어날 수 있으며 이후 안정기를 거쳐 상당 기간 유통된 후 쇠퇴기를 거쳐 폐기될 것이라고 보는데 암호화폐의 폭발기가 발생하면 반대로 다른 한 축은 무너지는 것이 당연하다. 두 개의

---

[129] 암호화폐는 2020년 중반 채굴 반감기를 거쳐 폭발기에 진입하면 안정기에 엄청난 가격 상승이 올 수 있다고 본다.

대형 축이 동반 상승, 동반 하락하지 않는다고 분석한 것처럼 암호화폐의 폭발은 다른 축의 하락으로 즉, 강력한 경제 위기로 촉발될 것이라고 예측한다.

거대한 빚더미로 굴러가는 글로벌 경제가 폭탄을 맞고 쓰러지면 화폐의 가치가 무너지고 하이퍼 인플레이션이 발생하게 되면 자동적으로 안전자산인 금과 암호화폐로 자본이 이동하게 될 것이라는 것이 저자의 생각이다. 그러나 경제가 침몰하는 초입부에는 달러가 먼저 급등할 수 있다.

암호화폐는 폭발기를 거치고 나면 안정기(조정기)를 거쳐 쇠퇴기로 들어간다고 분석하는데 이 전체 사이클은 주기가 생각보다 짧을 수 있다고 예상한다. 그렇게 분석하는 이유는 인류의 기술이 발전하는 속도가 엄청나게 빠르기 때문이다.

4차 산업혁명 이후 나타날 수 있는 새로운 혁명은 3차 산업혁명에서 4차 산업혁명으로 가는 속도보다 훨씬 가속화될 수 있다고 예측하므로 비트코인이 만들어낸 블록체인이라는 기술도 결국엔 또 다른 문제점이 드러날 수 있다는 이유와 새로운 시대의 기술 변화로 인해 암호화폐는 쇠퇴기를 거쳐 폐기될 것이라고 분석한다. 인류가 발전시키는 다양한 기술의 속도가 인공지능을 비롯한 다양한 기술의 융합으로 인해 가속도가 붙는 만큼 다음 기술 혁명은 훨씬 빨리 도래할 수 있기 때문이다.

그러므로 가속도가 높은 기술 발전의 미래 세상은 개인의 정보 수집 능력과 개인의 기술 분석 능력에 따라 빈 부 격차가 생길 수 있으므로 새로운 기술 혁명 세상에서는 개인 스스로의 정보 수집 능력과 정보 분석 역량이 개인 스스로에게 가장 중요한 도구가 될 것으로 예상된다.

글로벌 금융 세력과 부패 정권들의 피난처가 될 수 있는 암호화폐

코인텔레그래프에 따르면[130] 2019년 9월 현재 베네수엘라에서 비트코인 거래량의 거대한 신기록을 세웠는데, 이는 그 나라의 문제점인 하이퍼 인플레이션이 지속되고 있기 때문이다. 7일 동안 1,140억 달러(약 1,140억 원)의 금액으로 갈수록 비트코인 구매가 가속화되고 있다. 이것은 국가 경제 붕괴 시 발생하는 현상을 단적으로 볼 수 있는 대목으로 2019년 말 현재 여러 매체에서 베네수엘라에서는 비트코인을 중앙은행의 준비 화폐로 지정한다는 움직임과 비트코인이 금보다도 더 각광을 받고 있다는 내용이 쏟아지고 있다.

이런 현상은 하이퍼 인플레이션이나 경제 붕괴 시 발생 가능한 현상이라고 본다면 비트코인은 대단한 능력을 지닌 셈이다. 아울러 세계 각국의 부패 정권들이 이런 사실을 모를리 없다. 정권이 부실하거나 독재정권으로 국가를 통제하는 곳의 정부 관계자들은 이미 암호화폐로 많은 자산을 이동시켰으리라 짐작한다. 독재 국가들은 언제든 경제가 위험해질 수 있고 정권 또한

---

130 William Suberg. [Venezuela Smashes Weekly Bitcoin Trading Record With 114B Bolivars]. Cointelegraph. Sep 02, 2019

위태롭기 때문이다.

 그리고 이미 경제 붕괴의 조짐이 보이는 시점에서 글로벌 금융 세력들은 미리 암호화폐에 대한 대량의 투자 이동을 실행할 것이다.

 비트코인이나 암호화폐의 지갑 주소는 공개되어 있지만 그 지갑이 누구의 것인지는 알 수 없다. 코인데스크Coindesk에 따르면 비트코인 부자 목록Bitcoin Rich List에 포함될 자격을 갖춘 비트코인 주소가 지난 12개월 사이 30%나 늘었다. 코인메트릭스Coin Metrics의 데이터에 따르면 지난해 9월 이후 비트코인을 1,000개 이상 보유한 부자의 지갑이 30% 늘어났으며 2019년 말 현재 비트코인이 1,000개 이상인 부자의 지갑은 총 2,146개로 집계되었다. 비트코인을 대량 보유한 지갑은 지속적으로 증가 추세에 있으며 비트코인의 가격 하락이 있었던 시기에도 고액 자산 지갑은 늘고 있다는 점은 앞으로 올 미래를 대비하는 부자나 권력자들이 많다는 증거이다.

국가의 화폐 통제권 상실 가능성과 자산 통제의 단순화

본 저서의 종합적인 결론은, 페이스북에서 발행하는 리브라 코인과 IBM사가 선택한 스텔라루멘 그리고 리플과 같은 외환 관련 암호화폐와 이더리움의 ICO와 같은 기업의 화폐발행으로 인해 가까운 미래에 미국을 비롯한 각 국가의 **'화폐 통제권이 상실될 수도 있다'**는 충격적인 결과를 예측할 수 있다는 점이다. 아울러 각 국가의 증권시장과 부동산, 원자재, 외환시장 등의 모든 경제 영역이 암호화폐화 되어 글로벌 금융세력이 컨트롤하기가 매우 쉬워질 것이라는 점 또한 매우 걱정스러운 저자의 시각이다.

이 같은 결론은 최소한 경제 붕괴가 발생하여 각 국가의 기존 화폐가 하이퍼 인플레이션에 접어들고 암호화폐의 폭발기를 넘어서면 가시화될 것으로 예상된다. 화폐는 신용이 근본적으로 자리잡고 있어야 하나 2020년 1월 현재의 화폐는 신용이 상실된 채 껍데기만 간신히 유통되는 상황에 직면했다. 세계 경제에 문제가 생기면 기존 화폐는 껍데기 마저 바람에 날아갈 수 있다는 것을 조심스럽게 예측해 본다.

아울러 본 저서는 경제의 대 전환기에 대한 참고서로서 실현 가능한 미래의 여러가지 상황들을 분석해 보고 각자 유비무환의 자세로 미래를 대비하자는데 의의를 두고 있으며 이 저서는 투자 대상 종목의 가격이나 가격 상승 시기 등을 알아 맞추는 시중의 적중서 내지는 예언서가 아님을 분명히 밝혀둔다.

References

1. https://www.xrpchat.com.
2. XRP LEDGER. [https://xrpl.org]. 2019.
3. Cointelegraph. [What Is Ripple. Everything You Need To Know]. cointelegraph.com.
4. Robert Pemberton. [The Rise of Ripple - The Starter Guide to Understanding Ripple Cryptocurrency and What You Need to Know]. CreateSpace Independent Publishing Platform. 2017.
5. Avishay Yanay. [Bitcoin - Money Decentralization]. VpnMentor.
6. https://advantagegold.com.
7. Coindesk. [What is Stellar? (XLM)]. coindesk.com.
8. Eylon A. Levy. [The Economist: How the Jews control Congress]. The Times of Israel. 2014.
9. RT News. [Do Rothschilds control cryptocurrencies? - Etherium founder asks]. rt.com. 2018.
10. James Chen. [Key Currency]. investopedia.com. Aug 15, 2019.
11. James Titcomb. [How the Bank of England abandoned the gold standard]. The Telegraph. Jan, 2015.
12. investopedia.com..

13.   Crypto Bear. [https://www.youtube.com/channel/
      UCJ7e5K5v1iQxUwMDiqZp5jg/videos]. youtube.com.

14.   Working Money Channel. [https://www.youtube.com/
      channel/UCpwU7S8Y3KeOuShYy9ZZ1JQ/videos]. youtube.
      com.

15.   Ripple Coin News. [https://ripplecoinnews.com].
      ripplecoinnews.com.

16.   Andreas Kaplan. [Ripple Price Predictions in 10 Years –
      Latest]. smartereum.com. Oct 1, 2019.

17.   Digital Asset Investor. [https://www.youtube.com/channel/
      UCtQycmSrKdJ0zE0bWumO4vA/videos]. youtube.com.

18.   #XRPcommunity. [https://twitter.com/hashtag/
      XRPcommunity?src=hash&lang=ko]. twitter.com.

19.   [https://blockchain-hero.com/category/ripple]. blockchain-
      hero.com.

20.   [https://www.coindesk.com/?s=xrp]. coindesk.com.

21.   [https://xrpripplenews.com]. xrpripplenews.com.

22.   Ralph Nelson Elliott. [The Wave Principle]. Igal Meirovich.
      2012.

23.   World Economic Forum. [https://www.weforum.org/focus/
      fourth-industrial-revolution]. weforum.org.

24.   https://www.synopsys.com.

25. https://tradingeconomics.com.

26. https://www.macroaxis.com.

27. https://xrprightnow.com.

28. Abdulla Hamideh [FINANCIAL CRISIS 2020]. University of Strathclyde. Dec 27, 2018.

29. https://www.oecd-ilibrary.org.

30. https://cryptokiwi.kr.

31. https://ethereum.org.

32. Tobias Adrian & Tommaso Mancini-Griffoli. [The Rise of Digital Money]. IMF. July 2019.

33. https://www.stellar.org.

34. https://www.federalreserve.gov.

35. Michael D Bordo & Robert N McCauley. [BIS Working Papers, No 684, Triffin: dilemma or myth?]. BIS bank for international settlements. Dec, 2017.

36. E.A. Brett. [International Money and Capitalist Crisis]. Westview Press. 1983.

37. https://tradingview.com.

38. https://www.conference-board.org

39. Cyrille Jubert. [The Phoenix Will Rebirth From The Ashes Of The Markerts]. Goldbroker. Nov 15, 2018.

100년 만의 세계 경제 붕괴 위기와 리플혁명
4차 산업혁명시대 암호화폐 진화와 화폐전쟁

초판 1쇄 발행 | 2020년 2월 22일
초판 5쇄 발행 | 2024년 10월 22일

지은이	White Dog	
펴낸이	안호헌	
펴낸곳	도서출판 흔들의자	
	출판등록	2011. 10. 14(제311-2011-52호)
	주소	서울 서초구 동산로14길 46-14. 202호
	전화	(02)387-2175
	팩스	(02)387-2176
	이메일	rcpbooks@daum.net(편집, 원고 투고)
	블로그	http://blog.naver.com/rcpbooks

ISBN 979-11-86787-23-6 13320
ⓒ White Dog, 2020. Printed in Korea